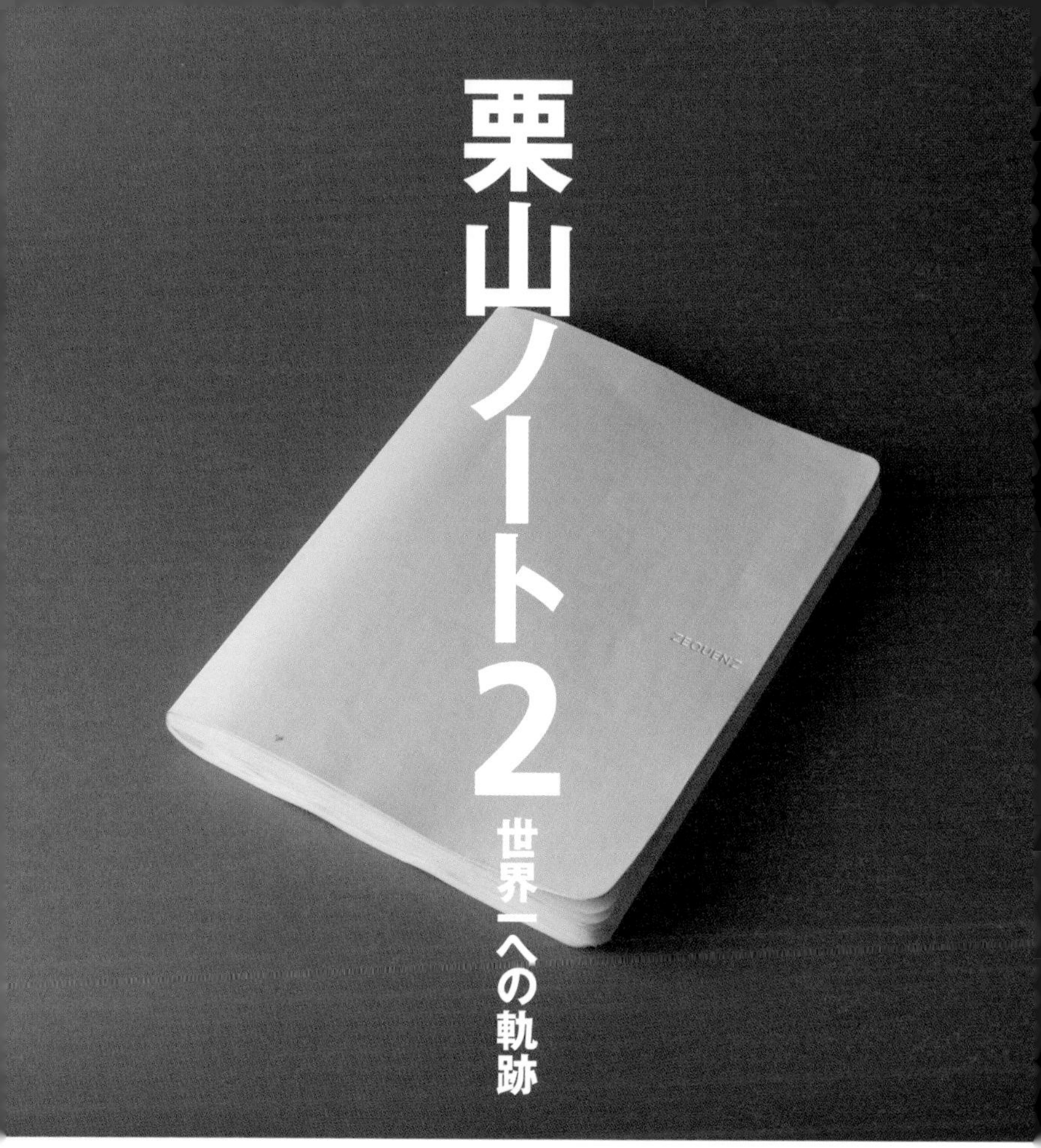

栗山ノート2

世界一への軌跡

栗山英樹

光文社

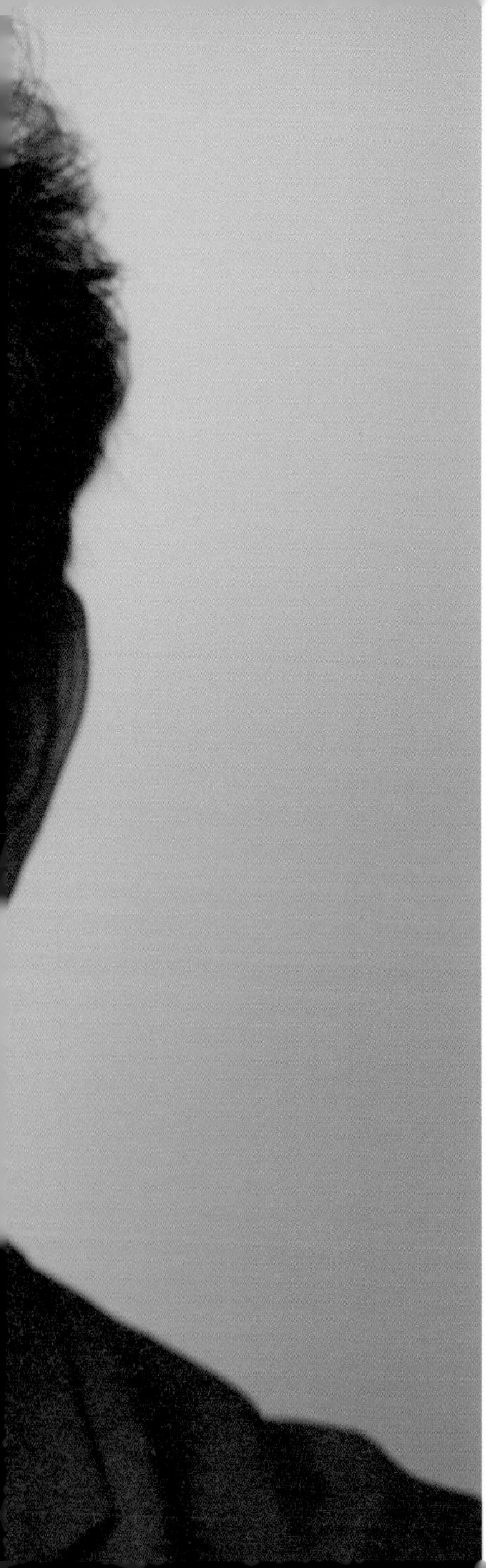

SAMURAI
JAPAN

栗山ノート2

世界一への軌跡

はじめに

侍ジャパンの監督になる、と決めたその日に。
「JAPAN」の文字が胸に刻まれたユニフォームに、初めて袖を通したその日に。
ワールドベースボールクラシック（WBC）の選手選考に、頭を悩ませながら。
いよいよ宮崎キャンプが始まる、という前夜に。
世界制覇への第一歩となった中国戦に勝利して。
1次ラウンドを4戦全勝で終えて。
イタリアに勝利して、アメリカへ移動する機内で。
あの選手の起用法について、スタッフの意見を聞いてから。
メキシコとの準決勝を、全員でくぐり抜けたあとで。
人生最高のシャンパンファイトが終わり、ひとりの時間が訪れたそのときに——。
私はノートと向き合いました。
ノートは毎日開きますから、何気ない一日の終わりにもペンを取ります。

北海道の自宅「栗の樹ファーム」で、四季の移ろいを感じながら。

新型コロナウイルス感染症の感染拡大を目《ま》の当たりにして。

自然災害に見舞われた被災地と被災者の方々に思いを寄せて。

風花《かざはな》と呼ばれる粉雪が、東京に舞った夜に。

しばらく会っていなかった友人との交流で、心が和《なご》んだ夜に――。

北海道日本ハムファイターズの監督を務めていた当時は、その日の試合を振り返ることが多かったと記憶しています。

現役のプロ野球選手としての実績に乏《とぼ》しく、監督就任以前にコーチを務めていたわけでもない。指導者としての経験を持っていなかった私にとって、日々の試合はひとつも無駄にできないものでした。

チームの戦いや自らの采配を整理して、翌日以降の試合に備える。次はより良い判断ができるように。それだけでなく、もっと素早く判断できるように。選手たちがもっともっと輝けるように。

選手のために、チームのために、監督の自分に何ができるのか。何をしなければならないのか。自らの役割を自問自答する日々を送りながら、私は野球を学び、人生を学んでいきました。政治や経済で成功を収めた方々の著書を読み、歴史書にあたり、古今東西の古典にも手を伸ばしました。

先人や偉人が残した言葉や人生訓には、普遍的な価値観がありました。数千年前に書き残された思いが、21世紀を生きる自分の胸に大きな波となって押し寄せてくるのです。

ひとりの人間としてはもちろん、プロ野球の監督としても、参考になることばかりです。私が書き続けていた野球ノートは、いつしか人生論を紡ぐノートのようになっていきました。

2021年12月2日、私は野球日本代表の監督に就任しました。「侍ジャパン」と呼ばれるこのチームのターゲットは、2023年に行なわれるWBCです。侍ジャパンは06年の第1回大会で優勝し、09年の第2回大会で連覇を果たしました。しかし、13年と17年は3位に終わりました。3大会ぶりの世界一奪還が、私に課せられた唯一にして最大の使命でした。

22年1月からの野球ノートには、試合のことがほとんど書いてありません。WBCの開幕は1年以上も先で、強化試合も22年11月まで組まれていなかったからです。

それでも、ノートはいつもどおりのペースで埋まっていきました。

中国の古典『四書五経《ししょごきょう》』の『大学　伝二章』に、「湯《しょう》の盤《ばん》の銘《めい》に曰く、苟《まこと》に日に新たにせば、日々に新たに、また日に新なり」とあります。古代中国の殷《いん》の王は、洗面器にこの文字を刻み、顔を洗うたびに自らに問いかけたと言われています。

侍ジャパン監督としての真剣勝負がまだ先だからといって、日々をぼんやりと過ごしていたら成長はありません。「いざは常、常はいざなり」の心持ちで、これから直面するであろう課題や難題を想定して、緊張感を持って過ごす。昨日よりも今日、今日よりも明日と、少しでも成長できるように自分の行動を見つめていくと、ノートに書くことはいくらでも見つけることができました。

いたらない自分、成熟していない自分、中途半端な自分、気づけない自分を認識した私は、戒《いまし》めとなる言葉を様々な書物から抜き出し、ノートに書いていきます。何度も書き写している言葉もあります。自分の未熟さを痛感させられますが、そうやって同じ言葉を何度も書くことで、その言葉の意味や本質が身体《からだ》に刻まれていくのだと、自分を叱咤《しった》します。

それまで特筆すべきものが記されていなかった私の履歴書に、WBC優勝という輝かしい経歴が加えられました。無事に大役を果たすことができて胸を撫《な》で下ろしていますが、実際に戦ったのは選手たちです。『四書五経』で孟子《もうし》が語っている「声聞情《しょうもんじょう》に過《す》ぐるは、君子《くんし》之《これ》を恥《はじ》ず」の言葉が思い浮かびます。栗山英樹という人間の実力以上に、評価されてしまっている気がしてなりません。

WBC優勝監督の名誉に浴しても、私自身は何ひとつ変わっていません。学びの日々を過ごしています。

この本は2019年に出版した『栗山ノート』の続編になります。何かを成し遂げたわけでもない自分が、またしても本を書く。身の程知らずではないだろうか、という思いが全身を揺さぶります。

ただ、私がノートに書いてきた言葉は、私だけでなくみなさんの参考になるのかもしれない――そんなふうに思える言葉を、WBCが終わったあとにいただきました。日本の放送業界の重鎮にして、人生の大先輩でもある方から、「栗山ノートを読んだら、古典を読まなくてもいいね」と言っていただいたのです。

侍ジャパンがWBCで優勝したことには、たくさんの意味があると思います。そのなかのひとつに、「これまでの学びを伝える」というものが含まれている、と理解しました。私を励まし、勇気づけ、奮い立たせ、支えてくれた言葉をもう一度まとめて後世に伝えることは、侍ジャパンの監督を任された私の使命なのだろう、と。

前回に続いて取り上げた言葉もあります。

私は同じ本を繰り返し手に取ります。古代中国の書物である『易経《えききょう》』や、渋沢栄一さんが残した『論語《ろんご》と算盤《そろばん》』などは、数えられないほど読んでいます。どのページに何が書いてあるのか覚えているぐらいですが、それでも読むたびに線を引いたり付箋を貼ったりします。読むたびに新しい気づきがあり、「ああ、やっぱりそうなんだ」と頷いたりします。

ひとつの言葉が持つ意味は、ひとつではないと感じます。一般的な解釈はもちろんありますが、その時々の心持ちによって、響きかたが違ってくるものがあります。もう一度選んだのはそうした言葉で、私だけでなくみなさんにとっても箴言《しんげん》になるのではないか、と考えました。

侍ジャパンの監督は、世界にひとりしか与えられない仕事です。けれど、その仕事にあたった私は、特別な人間などではありません。みなさんと同じ大地に立って、友人や知人に支えられながら過ごして、仕事や人間関係に悩むことがあります。

私の日常に潤いや安らぎをもたらしてくれている言葉が、みなさんの心にも届くことを信じています。

栗山ノート2
世界一への軌跡

目次

『栗山ノート2 世界一への軌跡』目次

第2章　自修す

第3章　一道に

第6章 マイアミラウンド 磨いて

第1章
謹んで

野球を育ててきてくれた偉大なる先人たちに、
心からの敬意を表して。
栗山英樹という人間を育ててくれた野球に、
ありったけの敬意を表して。
侍ジャパンのために集まってくれる選手とスタッフに、
最大限の敬意を表して。
草の根で日本野球を支えてくれているあなたに、
両手いっぱいの敬意を表して。
謹みの心をひと時も忘れることなく、
侍ジャパンの監督を引き受けました。

命を知らざれば、以て君子為ることなし

2011年11月、私は北海道日本ハムファイターズの監督に就任しました。ヤクルトスワローズでプロ選手としてプレーしましたが、現役を過ごしたのは1984年から90年までです。その後はスポーツジャーナリストや解説者として、「伝える側」から野球に関わっていました。監督業の何たるかもまったく分からず、2021年まで全力で走り続けました。

あっという間の10年でした。周囲から見れば「どれだけ長くやってるのだ」という感じだったかもしれませんが、私自身の感覚では3年ほどのイメージなのです。「石の上にも3年」の気持ちでやっていき、就任5年目の16年に日本一に輝くことができました。

しかし、翌17年からの5年間は、なかなか勝ち切ることができません。17年は5位、18年は3位で、19年から21年までは3年連続で5位に終わってしまいました。

就任1年目の12年に、パシフィック・リーグを制しました。新人監督の自分には不慣れなことばかりで、「選手に勝たせてもらった」という申し訳なさに似た歯がゆさを抱きま

した。

上位3チームが進出するクライマックスシリーズにも手が届かないシーズンが続くなかで、21年でチームを去ることが決まります。就任当初から「今年が最後」の覚悟で臨んでいましたが、「チームが勝てる形を作ってから去りたい」という願いを果たせなかったことに、寂しさと悔しさを噛み締めることとなりました。

21年10月26日の本拠地最終戦の前日に、ある野球関係者から「会って話がしたい」との連絡がありました。それから数日後、千葉ロッテマリーンズとのビジターゲームが行なわれる前日に、連絡をくれた方と羽田空港でお会いしました。

手短にあいさつを済ませると、私は驚愕《きょうがく》することになります。

「次の侍ジャパンの監督になってくれませんか？」

大げさではなく、椅子から転げ落ちそうになりました。

WBCの監督は、第1回が王貞治《おうさだはる》さん、第2回が原辰徳《はらたつのり》さん、第3回が山本浩二さん、第4回が小久保裕紀《こくぼひろき》さんです。日本球界に偉大な足跡を印した方々ばかりです。

その方々と同じポストに就く。自分ではない、という感覚しかありません。私は脊髄《せきずい》反射的に答えました。

「断ることはできますか？」

ファイターズの監督に就任する以前の私は、長くスポーツジャーナリストを務めていました。取材者としてオリンピックの野球競技や過去のＷＢＣを取材し、代表監督にもお話を聞いてきました。文字どおりトップ・オブ・トップの選手たちを率いるのですから、選手としても監督としても十分な実績のある人がチームを引っ張っていくのだろう、と受け止めていました。

先方からは「時間をかけて考えてほしい。もし本当に断るのなら、絶対に他言はしないでほしい」と言われました。誰かに漏らすような種類の話ではないので、「もちろんそのようにします」と答えて、その日は別れました。

ファイターズの監督をやってきて、どんな手を打ってもなかなかチームが好転しない、という時期を経験しました。チームには短期で変えられるものと時間が必要なものがあり、自分なりにそういったものが整理されていました。

監督業の本当の難しさに気づかされていたことは、自分にとって本当に貴重な経験となっています。ただ、それが代表監督を受諾する理由にはなりません。日本球界には適任者がたくさんいる。そんな思いに駆られていました。

やはりお断りするべきだろう、との考えが固まっていくなかで、ある言葉が私の胸を叩きます。

「できるか、できないかは関係ない。やるか、やらないかだけが大切なんだ！」

私自身が大切にしてきた行動規範で、ファイターズの選手やスタッフにもそう伝えてきました。

侍ジャパンの監督は自分にふさわしくないと考える私は、心のどこかで「自分にはできない」と決めつけています。それではいけない。私をこれまで育ててくれた野球に、日本の野球界に、己のすべてを尽くす好機をいただいたのだ。「断ることなどできるはずがない」との気持ちへ傾いていき、「尽己《じんこ》」の二文字が頭に浮かびました。

幕末期の儒家・陽明学者にして備中松山藩士の山田方谷《ほうこく》は、「何が起ころうとも目の前の物事にすべてを尽くす、自分のできることをやり切る」という意味で「尽己」という言葉を知己《ちき》に送ったと言われています。

侍ジャパンの監督という立場は、私の能力では務まらないかもしれません。けれど、WBCという未知なる舞台は、眩《まぶ》しく輝いています。

それまで見たことのない景色は、いったいどんなものだろう。見てみたい。触れてみたい。野球人としてというよりも、ひとりの人間としての原初的な欲求にかき立てられて、私の気持ちは固まりました。私利私欲と私心を捨て、天命に生きるべきと諭した『論語』の「命を知らざれば、以て君子為ることなし」の教えも、私を衝き動かしてくれました。

現役バリバリのメジャーリーガーたちと、世界一を懸けて真剣勝負ができる。やるしかないだろう！　闘争心がふつふつと湧き上がってきました。

深沈厚重《しんちんこうじゅう》なるは、是れ第一等の資質なり。磊落豪雄《らいらくごうゆう》なるは、是れ第二等の資質なり。聡明才弁《そうめいさいべん》なるは、是れ第三等の資質なり

2021年12月2日、私は侍ジャパンの監督就任会見に臨みました。所信表明と言ってもいいその機会で、「先輩方が作ってくださったこの野球の環境を、どうやって次の世代へ残していくのか。それはずっと先輩方から言われ続けてきたことで、その思いをしっかり胸に刻んで前に進んでいかなければいけない」と話しました。

先輩方への感謝は、監督就任とともにまず浮かんだ思いです。偉大な先輩方が築いてくれた日本の野球論や環境に思いを馳せて、先輩方とともに戦う。それこそが侍ジャパンとしての基本姿勢である、と定義しました。

野球の監督に限らず組織のトップに立つと、どうしても自分の色を出したくなります。けれど、全力で仕事に取り組んだ先に、己の使命が生まれるというのが私の考えで、先人

の功績を噛み締めることが大きな意味を持ちます。「自分の色を出してオレがチームを勝たせる」といった考えではなく、オールジャパンで先輩方に力をいただいて戦う、というイメージを抱きました。

そのために、中国明代の思想家・呂新吾《りょしんご》が著書『呻吟語《しんぎんご》』に記した人物三等級を意識しました。

何よりもまず「物事を深く考えて、重厚な振る舞いができる」、つまり「深沈厚重」であるべきだろうと考えました。試合中はベンチでどっしりと構えて、苦境に立たされても落ち着いているように、と自分自身に課しました。

そのうえで、「細かいことに拘《こだわ》らない、型にはまらないこと」を大切にしていきます。それが「磊落豪雄」です。大きな度量で選手とスタッフを包み込んでいきたい、と心にメモしました。

最後は「聡明才弁」です。「頭が切れて弁が立つ」ことは、決して悪いことではないでしょう。独創的な発想や多彩なアイディアに基づいたチーム作りは、魅力的に映ります。ただ、順番を間違えてはいけない、と私は考えました。策におぼれないための戒めとしたのです。

日本における野球は、過渡期を迎えていると感じています。野球ではなくサッカーをやる子どもが増えている、と聞きます。

野球のキャッチボールをするには、ボールとグローブが必要です。バッティングをするとなると、バットも必要になります。広い空間が確保できなければ、思い切り投げて、打って、走ることはできません。

ボールひとつあれば楽しめるサッカーに比べると、野球は気軽さに少し欠けるのかもしれません。

私自身は野球もサッカーも、あるいはもっと多くのスポーツに触れてもらって、自分に合ったスポーツを選んでくれたら、と思います。たくさんの子どもたちに野球に親しんでもらうためにも、侍ジャパンは負けてはいけない。ＷＢＣでは野球が生まれたアメリカの地で、アメリカに勝つことが私たちのノルマになるということは、容易に想像できました。

対世界という視点に立つと、投手力を前面に押し出した戦いが日本野球のスタイルになります。機動力やバントなどを重視した「スモールベースボール」を追い求めるというよりも、どんな状況にも対応できる戦術を持ちながら対戦相手に向かっていく。

そのうえで、侍ジャパンを応援してくれるファンのみなさんが、ワクワクするようなチームを作る。メジャーリーグでプレーする選手が出場できるのかどうかは、もう少し大会が迫らないと判断できません。それでも、先人たちが夢見た「アメリカに追いつけ、追い越せ」との思いを体現できるメンバー構成が、監督としての大きな仕事になると自覚しました。

ＷＢＣの詳細な日程はこの時点では決まっていなかったのですが、準決勝からはアメリカが舞台になる。メジャーリーグのスタジアムで戦うことになりますので、メジャーリーガーの招集は必須だ、と考えました。

昭和のプロ野球界で「魔術師」や「知将」と謳《うた》われた三原脩《みはらおさむ》監督は、多くの指針を残してくれました。「野球は筋書きのないドラマである」などの名言を生んだ三原さんは、「野球というゲームで勝負を争うには、あくまでも理詰めでなければならない」として、「勝つための集団は、あくまでも情の采配を排除せねばならない」と続けました。それこそが、勝利の原則である、と。

必要なものは絶対にあきらめない。

可能性を疑うよりもまず、逃げずにぶつかっていく――そうした思いから、私はメジャーリーガーの招集へ向かっていくことになります。

自処超然《じしょちょうぜん》　処人藹然《しょじんあいぜん》　有事斬然《ゆうじざんぜん》
無事澄然《ぶじちょうぜん》　得意澹然《とくいたんぜん》　失意泰然《しついたいぜん》

侍ジャパンの監督とは、どうあるべきなのか――その答えを探す日々が始まりました。勝つチームを作るのは当然のタスクですが、自分自身がどうあるべきなのかをしっかりと持たなければいけない。古いノートをめくっていると、古代中国の学者・崔銑《さいせん》（崔後《さいこう》渠《きょ》）の残した『六然訓《りくぜんくん》』が目に留まりました。

「自処超然」とは、何事にも執着しないで平然とし、自分自身の問題に一切捉《とら》われない。自分のことになると直接的な利害が生じるから、超然としているのは難しいことを説いています。

中国三国時代の政治家にして軍師の諸葛孔明《しょかつこうめい》は、「我が心、秤《はかり》の如し。人の為に低昂《ていこう》する能《あた》わず」との言葉を残しています。「自分の心は秤《はかり》のように公平で、どちらか一方に偏ったり、私情を交えたりしない」との境地は、まさに「自処超然」そのものでしょう。

「処人藹然」とは、人と接する際には、表情も態度も春風のようになごやかで穏やかな気持ちでいることです。

「有事斬然」とは、いったん事が起こったら、ぐずぐずしないでズバリと対処する。「斬」には「斬る」と同時に「新しい」の意味が含まれ、陋習《ろうしゅう》を打破していくのです。

そうやって事がおさまったら、「無事澄然」の境地です。問題がないときは、水のように澄んだ心でいる。雑念を振り払って、清閑を楽しみます。

問題がないだけでなく、物事がうまくいっているなら、「得意澹然」を心がけます。「澹」は「淡」に通じていて、努めて淡々と、あっさりとした謙虚な態度で過ごすべきだと教えてくれます。調子がいいときは傲慢な心が出やすいので、そうならないように気をつけるのです。

そうやって「得意澹然」でいても、試合に敗れることはあります。ビジネスマンのみなさんなら、競合するライバル会社に敗れてしまった、というシチュエーションでしょうか。そういうときこそ「失意泰然」です。やせ我慢でもいいから、ゆったりと落ち着いて構えようと『六然訓』は教えてくれます。

私にとって唯一無二の真剣勝負となるWBCは、3週間ほどで7試合を消化する短期決戦です。短期決戦は戦いかたが違うと言われますが、クライマックスシリーズや日本シリーズを経験すると、「なるほど、違う種類の戦いだ」と実感させられました。

決定的な違いはトーナメントです。私がそれまで戦ってきたプロ野球の世界には、負ければ終わりの一発勝負はありません。

トーナメントについては、高校野球や社会人野球に関わっている指導者のほうが経験値は高い。私は横浜高校で長く高校野球に関わった小倉清一郎さんらに話を聞きました。

ファイターズの監督として過ごした10年の経験に、拘泥《こうでい》してはいけないことがはっきりしていきます。私は「ユニクロ」を世界的ブランドへと押し上げた柳井正さんの言葉を思い起こしました。

「前職での成功体験は、新しい職場では何の役にも立たないことが分かっていない」

流行はいつも駆け足です。感性は一瞬で姿を変えます。同じやり方が通用するほど、ファッションビジネスの世界は簡単ではないのでしょう。

さらに言えば、あるタイミングで実績を作ったとしても、自分自身が進化しなければ時代に置いていかれてしまう。

これまでの経験が生かせる場面があれば、うまく当てはめていけばいい。けれど、WBCにふさわしい思考を巡らせるべき場面が、必ず訪れるだろう。ファイターズの監督として過ごした10年間とは違うスタイルを作っていかなければならないのだ、との決意を固めました。

小善《しょうぜん》は大悪《たいあく》に似たり。大善は非情に似たり

では、それまでの栗山英樹と違うスタイルとはどんなものか？

沈思黙考しているうちに、京セラの創始者にして日本航空の再建に尽力した稲盛和夫さんの「小善は大悪に似たり。大善は非情に似たり」の言葉が、頭のなかで輪郭を帯びていきました。

稲盛さんのいう人間関係の基本は、孔子《こうし》の説いた「忠恕《ちゅうじょ》」の心にあると考えます。「良心的で思いやりや愛情のある接しかた」を心掛けたいものですが、盲目的な愛情ではいけないのでしょう。

会社でも、学校でも、家庭でも、厳しい態度で接しなければならない場面があります。部下や同僚、同級生や下級生、あるいは子どもたちに、「それは間違っているよ」と指摘するのは、言う側の自分も神経がすり減ります。それによって、一時的でも関係がぎすぎすしてしまうかもしれない。できることなら波風を立てずに収めたいところですが、相手に迎合することは結果的に相手のためになりません。自分にも自分たちが属する組織にも、

マイナスに働いてしまいます。

相手にとって何が正しいのかを真剣に見極めて、必要なら厳しく接する。表面的な愛情は相手のためにならず、非情に徹することが相手の成長につながると、稲盛さんは教えてくれました。

侍ジャパンの監督になった私は、「選手に嫌われることができれば、成功の可能性がある」と考えました。勢いや流れといったものに左右される短期決戦であり、準々決勝からは負けたら終わりのトーナメント戦ですから、非情とも思える決断も下していかなければいけない、と。

2022年11月、侍ジャパンの強化試合が行なわれました。私の古巣であるファイターズと読売ジャイアンツ、オーストラリア代表との2連戦に臨みました。

侍ジャパンの監督としての初陣は、22年3月のチャイニーズ・タイペイ戦になるはずでした。しかし、新型コロナウイルス感染症の感染拡大により中止となっていました。

私自身にとっても、選手たちにとっても、待ちに待った強化試合です。

ファイターズの監督だった私は、目前の試合で勝利を求めつつ、選手の成長も意識していました。しかし、一流選手が集まる侍ジャパンでは、勝つための最善の判断が何よりも求められます。送りバントでも、選手起用でも、情に流されずに指示を出す。選手に「どうして自分に打たせないんだ」とか「なぜ自分を代えるんだ」と思われることがあっても、それが勝つための最善策なら躊躇《ちゅうちょ》してはいけない。ためらいや戸惑いを見せたら、不信感を買ってしまうからです。

22年11月の強化試合では、「自分のなかにある監督像」を捨て去ろうとしました。ただ、10年もの時間で積み上げてきたものを、身体のなかから一掃するのはなかなか難しいものです。知らず知らずのうちに「いつもの自分」が出てしまいそうになり、私の変化は感じ取りにくかったかもしれませんが、稲盛さんの言葉は強く意識していました。「小善は大悪に似たり。大善は非情に似たり」は、侍ジャパンの監督としての大きなテーマとなっていきます。

一《いち》利《り》を興《おこ》すは一《いち》害《がい》を除《のぞ》くに如《し》かず

11月の強化試合を終えてもうひとつ感じたのは、「これまでの経験を捨てられるか」ということでした。

スポーツには「試合勘」というものがあります。

ファイターズの監督当時、そのシーズン初めてのオープン戦で違和感を覚えたことがあります。シーズン中は「こうなったらこうする、次にこうなったらああする」と、絶えず二手先、三手先まで準備をしています。オープン戦でも同じように考えるのですが、試合から数か月離れていたこともあって、試合のスピードに自分の思考が追いつかないことがありました。

私が侍ジャパンの監督に選ばれたのは、21年のシーズンまでファイターズを指揮していたことも理由になっていました。ゲーム勘、勝負勘、現場勘といったものがそれなりに磨かれている状態にあり、戦況が目まぐるしく変わっていくなかでも臨機応変に対応できるだろう、と期待されたのだと思います。

ビジネスの世界で活躍しているみなさんなら、最前線で仕事をしていることで、臨機応変な対応ができたり、瞬間的にアイディアが閃《ひらめ》いたりした経験があるのではないでしょうか。私の言うゲーム勘や勝負勘とは、まさにそういったものです。

ここで重要なのは、勝負どころで働かせる「勘」と「経験」を、混同しないことです。

経験とは自分が見たり、聞いたり、行動したりすることで得た知識や技術を指します。経験を積み重ねることは「この前はこうやったらうまくいった（いかなかった）」といった判断材料を増やすことであり、野球でも仕事でも、家事や育児でも、経験を役立てることができます。

ただ、私たち侍ジャパンが挑むWBCという舞台は、「世界」が相手です。世界最高峰のメジャーリーグでハイレベルな角逐《かくちく》を繰り広げているスター軍団と、メジャーリーグで実績を残した監督やコーチと、1球で勝敗が変わるような勝負をしなければなりません。私が積み上げた10年の経験は、あくまでも日本のプロ野球で得たものであり、WBCで実際に生かせる場面はおそらく少ない。いや、生かせると思ったら、時代から取り残されてしまう、と理解しました。

初期のモンゴル帝国に仕えた官僚の耶律楚材《やりつそざい》は、多くの名言を残しています。そのなかのひとつに、「一利を興すは一害を除くに如かず」というものがあります。「ひとつの利益のあることを始めるよりは、ひとつの害を取り除いたほうがいい」とか、「新しいことをひとつ始めるよりは、余計なことをひとつやめるほうがいい」といった解釈が当てはまるでしょうか。

侍ジャパンの監督という「新しいこと」を始める私には、「余計なもの」として自分の経験を捨てる必要がありました。監督として必要な学びは、頭のなかに入っている。怖がらずに変わらなければ、と胸のなかで呟いていたのです。

小さなことは分別せよ。大きなことには驚くな

22年11月5日のファイターズ戦、同6日のジャイアンツ戦、同9日、10日のオーストラリアとの2連戦は、シーズン終了後のタイミングで行なわれました。コンディションとモチベーションを高めるのが難しかったと思いますが、選手たちは侍ジャパンのプライドを持って戦ってくれました。

オーストラリアは、WBCの1次ラウンドでも対戦する相手です。南半球からやってきた彼らはシーズン開幕前で、これから練習を重ねていく段階です。2試合とも大量得点差の勝利となりましたが、彼我《ひが》のコンディションを比較すれば驚きではありませんでした。

10日のオーストラリア戦を終えた夜、いつものようにノートを開きました。試合には勝ちましたが、心の真ん中には焦燥感に似た思いが陣取っています。

今回の侍ジャパンには、来るWBCでも主力を担ってほしい選手たちが集まっており、ほとんどの選手は一緒に野球をやるのが初めてでした。「この選手、オーストラリア戦ではリラックスしていたけれど、WBCではどうなるんだろうか?」といった選手の心理面

から、「セカンドとショートの組合せはどうするべきか」といった戦略的な部分も含めて、4試合ではつかみきれないものがあまりにも多かったからでした。

22年はまだ1か月以上ありましたが、その日のページの最後に「ゆっくりしている暇はない」と書きました。焦燥感が心のうちで大きな塊となっていくなかで、渋沢栄一さんの『論語と算盤』に手を伸ばします。付箋だらけの一冊のなかで、この日は水戸光圀公の言葉を引用した「小さなことは分別せよ。大きなことには驚くな」の一文が目に留まりました。

ここからは、小さなことを一個ずつ潰していこう。同時に、どれから潰していくのか、どうやって潰していくのかは、整理しなければいけない。そこの分別は間違えないように、と言い聞かせました。

大きなことには驚くなという姿勢も、このタイミングで改めて肝に銘じました。たとえば、一度メンバーとして発表した選手が、ケガをするかもしれない。絶対に起こってほしくはないけれど、そういうことになっても動揺しない。バタバタしない。何でも起こり得るという前提に立って、想定外を想定しておく。

自分自身の日常を顧《かえり》みると、仕事がうまくいっていると小事に目が届きません。届いているとしても、後回しにしたり、「まあ、大丈夫だろう」と放置したりしてしまいます。

「好事魔多《こうじま》し」と言われますが、順境なときにこそ小事に対して緻密に接したい。もっと言えば、順境か逆境かを問わずに、緻密な心がけで過ごしたいものです。

窮《きゅう》すれば、すなわち変《へん》ず。変ずれば、すなわち通《つう》ず

22年11月の強化試合を終えた私は、WBCへ向けた環境作りを進めていきました。コーチやスタッフにどんな人材を選ぶのかは、チームが勝つための必須条件です。ただ、侍ジャパンのような国際試合に挑むチームに縁がなかった私には、本当に大切な要素が何なのかがつかみ切れていませんでした。

コーチ陣については、セ・パ両リーグで実際にユニフォームを着て戦っている人の感性を大切にしたい、と考えました。もちろん、所属先のチームに迷惑がかからないように、慎重に調整をしていく必要がありました。

コーチと同様に、スタッフも重要です。

最初に決めたのはマネジャーです。様々な動きや先見性が求められる選手選考で遅れを

取らないためにも、マネジャーの選定は優先順位の高いものでした。

侍ジャパンの監督に就任してすぐに古巣にお願いをして、10年間ともに戦った岸七百樹《きしなおき》に監督付きマネジャーとなってもらいました。ファイターズにそのまま籍を置きながら、メジャーリーグ所属選手のアメリカ視察に同行してもらったり、選手の出場交渉に加わってもらったりしました。「自分たちがやりかたを間違えたばかりに、あの選手が参加できなかった」ということを避けるためにも、意思疎通がスムーズな岸マネジャーは必要な人材でした。

アメリカでアメリカを倒すには、メジャーリーグでプレーする選手たちのデータ収集が必須です。そこで、デトロイト・タイガースで監督付きの仕事をしている池田寛に声をかけました。さらには大谷翔平の通訳を務める水原一平《いっぺい》にも、早い段階で協力を依頼しました。私がファイターズの監督だった当時の通訳で、彼は大切な戦友のひとりなのです。

もうひとつ気になったのはブルペンでした。

日本が勝つためには、投手陣が力を発揮することが絶対条件です。そのためには、ブルペンでボールを受けてもらうブルペン捕手との密接なコミュニケーションが欠かせません。

ファイターズを率いていた当時、札幌ドームの監督室のすぐ前にスタッフのロッカーがありました。私はブルペンでの投手陣の状態を、梶原有司《かじわらゆうじ》ブルペン捕手に聞いていていました。

野球への情熱と選手への愛情があり、投手の状態を客観的かつ厳しく見極める彼の仕事ぶりは、いつでも信頼がおけるものでした。

ブルペン捕手は2人です。梶原に加えてもうひとり、ファイターズでともに戦った鶴岡慎也にお願いしたい、と考えました。彼は私が監督を退任した21年限りで現役を退き、翌22年から解説者や評論家として活躍していました。

現場から離れている彼に、声をかけていいものか。鶴岡なら私の思いを汲み取って、日本野球のために力を貸してくれる。そう信じてぶつかります。

果たして、鶴岡は快諾してくれました。現役時代にベストナインやゴールデングラブ賞に輝いた男が、プライドもお金も気にすることなく、「自分の勉強になります」とブルペン捕手を引き受けてくれたのです。

トレーナー陣はセ・パ12球団から派遣してもらえることになりました。選手の立場になれば、普段から自分の身体を触っているトレーナーがいるだけで、安心感が違います。WBCは日本のプロ野球の開幕前に行なわれるので、身体のケアには細心の注意が求められました。

22年12月中旬には、WBCに臨むコーチングスタッフを発表することができました。もう少し準備の時間があり、費用の余裕があれば、手を加えたいところはありました。ただ、

「起こる事項に幸不幸はなく、それをどう捉えてどう生かすかによって、幸不幸が生まれる」と言われます。私は『易経』に収められている「窮すれば、すなわち変ず。変ずれば、すなわち通ず」の心境でした。手を加えられないことはあったけれど、それが変化をもたらし、おのずと道が開けてくる、と。

私たち人間は、目の前で起こったことに気持ちを揺さぶられます。

取引先とトラブルが発生してしまった。

友だちと言い争いをしてしまった。

両親に荒っぽい言葉を浴びせてしまった。

そのままでいいはずはないと分かっていても、すぐに行動へ移すことができず、精神的に引きずってしまうところがあります。私も弱い人間なので、起こったことに引っ張られがちです。

けれど、起こったことをいいものにするのも、悪いものにするのも、その人次第だと思うのです。苦しい場面に出合ったら、「窮すれば、すなわち変ず」と口にしてみるのはどうでしょう。

刮《かつ》目《もく》相《そう》待《たい》

ＷＢＣが開催される２０２３年を、私は「刮目相待」の心境で迎えました。自分にとって大切な言葉のひとつで、何か言葉をくださいと頼まれると、「夢は正夢」の次にこの「刮目相待」を選びます。

本来の意味は「人や物事の成長や進歩を待ち望む」というものでしょう。「それまでとは違った目で相手も見る」との意味もありますが、私は「選手たちの成長や進歩を信じて前へ進んでいく」と解釈しました。

部下を持つ上司や、生徒を指導する先生、子どもを持つ親は、自分が見つめる対象に「成長してほしい、進歩してほしい」と願うことでしょう。侍ジャパンの監督を務める私も同じ心境でしたが、信じたり願ったりするだけでなく、もう一歩進んで「彼らならやってくれる」と全幅《ぜんぷく》の信頼を寄せるように意識しました。

私はなぜ、そのように考えたのか。

三国志の『呉書《ごしょ》』呂蒙《りょもう》伝で、「士別れて三日なれば、即《すなわ》ち更に刮目して相待すべし」の教えに触れたからです。日本では「男子三日会わざれば刮目して見よ」と伝えられることが多いもので、努力をしている者は三日もすれば大きく成長しているので、次に会うときは注意して見なければならない、と言います。

メジャーリーグでプレーするスター軍団のアメリカを下すには、まさに3日経てばまったく違うチームになっているぐらいの歩幅で成長していかなければなりません。侍ジャパンの選手たちが自らの能力をぶつけ合い、大きな化学反応が起き、その勢いがアメリカを倒すことにつながる、と考えました。

ファイターズの監督を務めていた当時、シーズン開幕戦当日に選手、スタッフ全員におちょこを配り、水盃で乾杯をしていました。盃の底には文字を入れて、選手たちへのメッセージとします。

2021年のシーズンは、「刮目相待」を選びました。

レギュラーシーズンは143試合の積み重ねです。リーグ制覇を果たすチームでも、60試合前後の負けを記録することがあります。どんなチームでも停滞期はありますが、「長いシーズン中に苦しい時期があるとしても、3日経てば変われるのだから、最後は勝ち切るよ。優勝するよ」という思いを、この四文字に込めました。

選手たちの成長を信じて、その変化を決して見逃さない。WBCへ向けた私自身の大きなテーマでした。

第一義

侍ジャパンのメンバーは、23年1月6日に12人を発表し、記者会見にはメジャーリーガーを代表して大谷翔平が同席してくれました。その後、26日に登録予定の30人を発表しました。二段階に分けて発表したことに大意はなく、ポスターなどの告知用の素材が必要という事務的な理由を含んでいました。

同時に、12人を発表した時点で、残りの18人が固まっていたわけではありません。投手を15人、野手を15人と定めましたが、その割合はギリギリまで考えていきます。野手がひとり減れば、役割分担も変わります。つまり、選考そのものが変わってくる。6日の時点では、まだまだ不確定要素を多く含んでいました。

選考に当たっては、いくつかのポイントがありました。

過去のWBCでプレーした選手に話を聞くと、メジャーリーグでプレーする選手の言葉の力が大きかったというのです。肌で感じているアメリカ選手の具体策が、安心感につながったと。

第1回大会に西武ライオンズ在籍で出場し、MVPに選ばれた松坂大輔さんも、「第1回大会は、メジャーでやっている大塚晶文《あきのり》さんの言葉が大きかったです」と話してくれました。我々のチームにおいても、メジャーリーガーの参戦が重要になると感じていました。WBCで勝つために、誰が考えても必要な選手がいます。私が監督でなくても選ばれる選手、という言いかたもできるでしょう。

ただ、各チームのエースや強打者ばかりを集めればいいわけではありません。偉大な先輩方が築いてくれた、日本野球の特徴を前面に押し出していく。具体的にはスモールベースボールと呼ばれるものですが、バントやヒットエンドラン、盗塁などの細かなプレーをきっちりこなすのはもちろん、パワー対パワーの真っ向勝負にも正々堂々と対応できる。どんな状況でも戦える「形」を持つ。そのためのメンバーを選ぶのが、私に課せられた選手選考でした。

技術的、戦略的な側面から選考しつつ、私の心には「第一義」の三文字が浮かんでいました。戦国武将の上杉謙信《けんしん》が悟りをひらくきっかけとなった言葉と言われ、「人の宝とすべきものは物ではなく、物を超えた心であり、思いやりの心である」という意味です。

謙信公は『家訓十六ケ条』を記しており、心の在りかたを丁寧に説いていますが、この十六ケ条は「宝在心」と言われ、「本当の宝は心に在り」と説きました。

1月6日に12人の選手を先行発表した際に、選考理由を聞かれて「第一義は、侍の魂《たましい》を持っているかどうか」と話しました。謙信公を意識したわけではなく、無意識のうちに使っていました。自分の身体のなかに、「第一義」という言葉がしっかりと入っているからだと思います。

私たちの心は、様々な場面に応じて姿を変え、色を変えます。

物欲に駆られたら、どこか落ち着きをなくしてしまいます。

おごりやうぬぼれ、思いあがりの色に染まると、誰かを傷つけてしまったり、傷つけたことさえ気づかなかったりします。

やましさにとらわれていたら、他人の顔色が気になってしまうでしょう。

しっかりとした信念に基づいて行動すれば、失敗しても心が黒く染まることはないでしょう。仕事や試験に勇気を持って全力で取り組めば、どんな結果でも正面から受け止めることができるのではないでしょうか。

あなたにとって、本当に大切なものは何ですか？

そう聞かれて「思いやりの心です」と答えることのできる選手が集まれば、どんな困難にも立ち向かっていける――メンバー選考の際に私が抱いた思いは、あなたの会社にも、学校にも、家庭にも、置き換えることができるでしょう。

あいさつは自分から

プロスポーツでも、仕事でも、学校の部活動でも、自分を知る、自分の属する組織やチームを知ることは、成功への第一歩と言っていいでしょう。自分たちの強みは何なのか。他のチームや組織に比べて、現時点で足りない要素は何か。自分を知ることで、戦いの道筋がはっきりとしていきます。

侍ジャパンを客観的に分析すると、投手力は世界ナンバー1と言ってもいい、というのが私の評価でした。野球は投手からとも言われ、先発、中継ぎ、抑えの役割に合った投手を揃えるのは、チーム作りの大原則です。

メンバー選考を進めていく過程で、メジャーリーグのミネソタ・ツインズに所属する前田健太《けんた》に連絡を取りました。彼は21年9月に右ひじの手術をしており、22年シーズンは登板を回避して治療とリハビリに時間を費やしていました。

私が監督を務めたファイターズは、パ・リーグのチームです。前田が日本でプレーしていたのは、セントラル・リーグの広島東洋カープでした。16年の日本シリーズで広島と対戦したのですが、前田はその年からメジャーリーグでプレーしていました。

ほとんど初対面と言ってもいい関係であり、こちらは侍ジャパンの監督という立場です。前田を緊張させてしまったり、余計な気遣いをさせたりしないために、『修身教授録』で知られる森信《のぶ》三《ぞう》先生の教えを思い起こしていました。オンラインで会うことになったのですが、自分からあいさつをするようにしたのです。

森先生は「朝晩のあいさつだけは必ず自分から先に」と説いていますが、私が前田と会ったような場面にも当てはめていいでしょう。『修身教授録』には「あいさつとは人間関係を正しい軌道に乗せる作業であり、一日の暮らしのうえで一切の事柄に先行する大事な心がけと言っていいものです」とありますが、家族や友人と気持ちの良いあいさつを交わすと、そのあとのコミュニケーションが円滑になります。学生時代の自分を思い返すと、部活動中のあいさつはチームメイトと気持ちを揃えることにつながっていました。

「とくに自分より年下の人々に対しても、こちらから先にあいさつができたとしたら、その人はもうその一事をもってしても、他日『人に長たるの器』だと言える。人は自分ひとりでやれることは、たかのしれたものでありまして、結局は、多くの人々の協力を得なければならぬからです」――私は人の上に立つ器の持ち主ではありません。だからこそ、多くの人たちの協力を得なければならない立場で、そのためにもあいさつを欠かしてはいけないのだろう。森先生の言葉を何度も噛み締めながらオンラインの開始時間を待ち、前田とあいさつを交わしました。

画面越しに話をすると、リハビリは順調とのことでした。22年のシーズン中に戦列に復帰できる可能性も出てきた、と言います。

ケガから復帰していく選手ですから、絶対に無理をさせてはいけません。彼の完全復活こそが、私が考えるべき第一義です。

前田自身は、WBCに出場したい、出場してアメリカを倒したい、と言ってくれました。彼は13年の大会に出場し、準決勝でプエルトリコに敗れていました。17年大会はロサンゼルス・ドジャースの一員で迎え、ケガのリスクを回避するために出場を見合わせた経緯があります。

WBCで優勝することが、日本野球にとってどんな意味を持つのか。これについても、はっきりとしたイメージを持ってくれていました。

メジャーリーグ移籍後の前田は、カープ所属時の先発に加えて、中継ぎや抑えでも結果を残していました。「投手力で勝つ」と決めていただけに、マルチタスクを果たせる彼のような選手は絶対に選びたい。ただ、「WBCに出るために無理をしたり、気持ちがはやったりしないように」とお願いをしました。

結果的に22年シーズン中の復帰は叶《かな》わず、23年の開幕にじっくり向かっていくとの返答をもらいました。WBCはメジャーリーグの開幕前に行なわれますから、参加はできないということです。

それでも、日本野球のために何とか力になりたい、という前田の思いは伝わってきました。私は「あなたの誠意に感謝します。どうもありがとう」と、胸のなかで手を合わせました。

先入観は軽く、予備知識は重く

選手選考を進めていくにあたって、私はかつて教えを受けた野村克也さんの言葉をノートに書きこみました。「先入観は軽く、予備知識は重く」というものです。

先入観というものは、私たちの日常の至るところで顔を出してきます。対人関係においては、「あの人はいつもこういう態度をとる」とか、「どうせ自分のことは評価していないんだ」といった思い込みや決めつけと言うことができるでしょうか。

先入観にとらわれると、思考が止まってしまいます。自由な発想が生まれません。「自分はあの人に好かれていない」との思いに凝り固まっていたら、その人との関係は改善されないでしょう。

選手選考にあたっては、「あの選手はこういうタイプだ」とか、「あの選手にこういうプレーはできないだろう」といった先入観を、徹底的に排除していきました。頭のなかで穏やかな水面《みなも》を思い浮かべ、すべての選手の可能性を評価していきました。

野球における予備知識は、主にデータを指します。

メジャーリーグでも日本のプロ野球でも、いまやデータによる分析は欠かせません。チームにはスコアラーだけでなくアナリストがいて、「この打者を打ち取るには、こういう軌道のボールが有効です」とか「この投手はこういう打者を得意にしている（苦手にしている）」といったデータが出てきます。私の現役当時は「今日の相手投手は球のキレがある」とか「球が重い」といった感覚をチーム内で共有したものですが、現在は選手を評価する根拠として客観的なデータが活用されています。

予備知識としてのデータは、豊富に持っていたほうがいいでしょう。ただ、実際に使う際には取捨選択するべきです。いつ、どこで、どのデータを、どのように使うのかは、しっかりと計算しなければならない。データを詰め込み過ぎて、選手が混乱したら本末転倒です。

ＷＢＣは３月開催で、通常ならオープン戦の時期にあたります。いつもより早く身体を仕上げて、トップフォームまで持っていかなければなりません。

気になるあの選手は、これまで３月、４月の試合でどんな成績を残していたのか。気になる別の選手は、アメリカのあの投手に似たタイプを得意としているのか。かなり細かなところまでデータで分析できることで、迷いが生じることもありました。

我が身の混乱を教訓として、「予備知識は重く」の教えには「使いかたも大事」という但し書きがあることを確認しました。

自分を犠牲にしても他の人を助ける心が利他《りた》の心

京セラグループの経営の原点とされる「京セラフィロソフィ」で、稲盛和夫さんがこのように話しています。

日本の野球ファンのみなさんは、どんなチームにワクワクするのか。どんなチームが見たいのか。

これからの日本野球界に、プラスとなるチームとはどんなものなのか。

先入観は軽く、予備知識は重く。

固定観念にとらわれるな。既成概念は捨てろ。

侍ジャパンの監督を務める私が宿すべき利他の心は、どの選手を選ぶべきなのかを、自分を犠牲にしてまで考える。そこまで真剣に考えて正しいと思ったものこそ、誰から見ても正しいものである。つまり、人間として正しい判断と言えるのでは、と考えました。自分中心ではなく、選手のため、日本野球のため、日本という国のために「これがいい」と考えるなら、おそらくは周りの人たちも協力してくれるに違いないでしょう。

自分を犠牲にしてまで考えるなかで、「多様性」という言葉が思い浮かびました。日本のプロ野球が過渡期を迎えているなかでは、「どこで野球をしているのか」を問うのではなく、同じ野球人として手を取り合い、ともに野球の素晴らしさを広めていくべきです。

おりしも22年2月に、ロシアによるウクライナ侵攻が勃発しました。新型コロナウイルス感染症に世界がなおも苦しめられているなかで、地球環境の変動に世界が協調して取り組んでいるなかで、軍事侵攻というものが起こることに、私自身は戦慄するしかありませんでした。

力による一方的な現状変更を認めることはできず、国籍や人種、性別や宗教などを超えて世界が共存共栄していってほしい。手をつないで助け合っていきたい。

スポーツでお互いの力をぶつけた者同士が、武器を持って戦うことなどできるはずはない。多様性を持ったチーム作りは、協調することの意味を世界に知らしめることにつながるのではないだろうか。

そう考えると、スポーツにも、WBCにも、世界平和のためにできることがあるはずだ。日本人の魂を持ち、つねに全力を尽くし、利他の心を持つ選手がいるならば、侍ジャパンへの招集を検討しようと決めました。

メジャーリーグでプレーする外国籍選手については、出場資格に関するルールが直前まで明らかにされませんでした。だからといって、決まってから動くのではリスクがあります。早い段階から可能性を探っておくべきだと考え、翔平の通訳を務める水原を通じて、有資格者と見られる選手に「ジャパンから招集を受けたらどうするか?」を聞いてもらいました。

6、7人の選手に当たってもらったところ、すべての選手から前向きな返答を得ることができました。エンゼルスで翔平のボールを受けていたカート・スズキ捕手も、「選ばれたら喜んで参加します」とのことでした。22年限りで現役を退いたため、候補からは外しましたが。

ラーズ・ヌートバーとは、まずオンラインで話をしました。第一印象からみなさんの知る彼そのもので、一生懸命で、素直で、侍ジャパンのために戦う魂を持っていることが分かりました。

彼のお父さんの家系はオランダにルーツがあり、オランダからも声がかかっているとのことでした。カクテル光線を浴びたグラウンドに立つ以前から、私たちの戦いは始まっていたのです。

武士《ぶし》道《どう》と云《い》ふは死ぬ事と見つけたり

選手選考でもっとも難しかったのは、やはりメジャーリーグでプレーする日本人選手の招集です。選手によって状況は異なり、出るか、出ないかは所属チームに委《ゆだ》ねられるところもあります。

どちらにしても、私の魂をぶつけるしかない。選手と会うためにアメリカへ向かう機上でノートを広げた私は、「武士道と云ふは死ぬ事と見つけたり」の一文を書き記しました。一八世紀の佐賀藩士・山本常朝《つねとも》が武士の心を記した『葉《は》隠《がくれ》』に収められているものです。これまで様々に解釈されてきましたが、私は「死を覚悟するぐらいの気持ちで取り組むことで、自分がやるべきことをまっとうできる」と理解しています。

アメリカではダルビッシュ有や翔平らと会うことになっていましたが、不安しかありませんでした。不安だらけでした。

ひょっとしたら、全員から「NO」と言われるかもしれません。頭に浮かぶのは最悪のイメージばかりですが、命を懸けてでも全員の首を縦に振らせる。「出ます」と言ってもらうまでは日本に帰らない、という覚悟でした。

彼らメジャーリーガーが出場しないとなると、チームの構想が根本から崩れてしまう。私が監督を任された理由のひとつには、翔平との関係性も含まれていたでしょうから、そもそも監督をやることの意味が問われてしまう。

何よりも、誰もが見たいと思えるチームでWBCに臨めないと、日本野球が崩壊してしまうかもしれない。それぐらいの危機感を抱いていましたから、ダル、翔平、吉田正尚《まさたか》、鈴木誠也《せいや》の4人の日本人選手に、ヌートバーを加えた5人のメジャーリーガーの参加を取り付けた際には、安堵のため息がこぼれました。

吉田は22年のオフに、オリックス・バファローズからボストン・レッドソックスへの移籍が決まった選手です。新しい環境に適応するためには、シーズン前のキャンプやオープン戦は大切な助走になります。

正直に告白すれば、彼のメジャーリーグ入りが決まった瞬間に、自分のリストからは名前を消しました。本人から「出たい」と連絡をもらったときには、喜びよりも驚きに包まれました。

私は率直な思いを伝えました。

「これまでメジャーリーグへ移籍した選手を見ると、1年目は簡単ではない。自分が正尚の父親だったら、『レッドソックスでしっかりプレーするためにも、ＷＢＣには出ないほうがいい』と言う。それでも、いいの？」

吉田は「監督、そう言ってくれるのは嬉しいですけれど」と切り出します。携帯電話を持ちながら、お辞儀をしていたかもしれません。続けた言葉には、太い芯が通っていました。

「僕はメジャーリーグでプレーすることもそうですが、ＷＢＣで世界のトップに立つことが夢なんです」

感動しました。まぶたの奥が、じわりと潤みました。

彼らメジャーリーガーが出場を決意した本当の理由は、実は私にも分かりません。ひとつだけ言えることがあるのなら、日本野球のために自分のすべてを捧げて世界一へ挑む、という思いに貫かれていたということです。

私たちの日常生活で、「死を覚悟するぐらいの気持ち」になる場面は、なかなか訪れないかもしれません。職場や学校で過ごす時間に照らすと、ちょっと大げさでしょうか。けれど、人生の大一番と呼べるような局面は、誰にでも訪れるはずです。会社にとって大切なプレゼンとか、全国大会出場を懸けた試合とか、息子さんや娘さんの受験とか。そこで存分に力を発揮するために、日頃から準備をしておく。「いい準備をするため」の心構えとして、「武士道と云ふは死ぬ事と見つけたり」を心に留めてもらえたら、と思うのです。

第2章
自修す

いつでも心を正し、
覚悟を持って日々の仕事に励む。
失敗を恥じない。
ミスを恐れない。
選手の苦しみや悩みを自分事としてとらえ、
彼らとともに目標へ向かっていく。
私利私欲を洗い流し、
己の命を煥発《かんぱつ》する。
どんなときも希望を失わずに、
突き進んでいく。

人は変われる

北海道日本ハムファイターズの監督を10年務めたなかで、たくさんのコーチやスタッフと仕事をしてきました。1軍のコーチ陣は10人ほどの小さな組織ですが、スムーズに機能することもあれば、機能不全に陥ってしまうこともありました。

すべては組織の長たる監督の責任ですが、一人ひとりの肩書が変わると組織が硬直化するとか、組合せによって機能しないといったことが起こるのです。個人に目を向けても、肩書によって仕事への向き合いかたが変わる、というケースが見受けられました。

部下を持つ上司の方や、学校の活動でリーダー的立場にある人にとっても、自分が属する組織をどうやってまとめていくのかは、絶えず気になるテーマだと思います。生きている限りは私たちに付きまとう課題、と言っていいかもしれません。

「2：6：2」の法則と言われるものがあります。集団の2割はすごく優秀で、6割は普通で、残りの2割は機能しない、と分類されるものです。

人間関係にも「2：6：2」の法則は当てはまるとされています。自分がどんな行動をしても好きでいてくれる人が2割、行動次第で好きか嫌いかが分かれる人が6割、何をしても嫌われる人が2割となるそうです。

人間関係とは、相性とか空気感といった目に見えないものの影響を受けます。前のグループでは意欲的に発言をしていた人が、グループの構成メンバーが替わった途端に消極的な姿勢になってしまう、ということもあります。

渋沢栄一さんは、「悪人が悪人のまま終わるとは限らず、善人が善人のまま終わるとは限らない。悪人を悪人として憎まず、できればその人を善に導いてあげると考える。だから、最初から悪人であると知りながら、世話をすることもある」と言いました。

つまりそれは、「人は変われる」ということだと思います。

友だちが楽しそうに遊んでいる公園でひとりだけ勉強しなさいと言われたら、誰だって「自分も遊びたい」と思うでしょう。組織のなかで機能していない人にも、同じようなことが言えます。仕事上のタスクを果たすために、勉強するために、本当に適切な環境が与えられているのか。与えられているのなら、仕事をする意味や学ぶ意味を、辛抱強く伝えていけば良いでしょう。

『四書五経』の『礼記《らいき》』に、「学びて然《しか》るのちに足らざるを知る」との一節があります。学べば学ぶほど、自分の足りないところが分かる。学ぶ意味を理解すれば、仕事や勉強に取り組む姿勢が変わっていくのではないでしょうか。

23年3月開催のWBCを前に、22年11月に強化試合がありました。ここでコーチ陣やスタッフと一緒に仕事をしたことで、プライベートで親交が深かったり、かつて同じチームで戦ったりした間柄でも、つねに意見が一致するわけではない、ということを実感しました。

人は変われるのだから、変わるべき場面があったら、その手助けをする。すぐには変わらなくても、あきらめずに働きかけをしていこうと、ノートに書きこみました。

タイミングで受け止めかたは変わる

侍ジャパンのメンバーに選ばれた選手には、球団から選手へその旨が伝えられます。それがこれまでのルールだったのですが、私は選手一人ひとりに自分で伝えたいと考えました。球団からの事務的な連絡では、「そうか、選ばれたんだな」といった程度の受け止めかたになるかもしれない。それでは困るのです。なぜその選手を選んだのか、どんな思いで戦ってほしいのかを私から伝えて、いまこの瞬間から侍ジャパンの一員としての意識を持ってほしい。

そのためには手紙がいいと思ったのですが、全員に同じタイミングで届けるのは難しい。選手の自宅に一斉に送ったとしても、オフで留守にしているかもしれません。そもそも、手紙を読まない選手がいるかもしれない。

どうするべきか悩んだ末に、電話をかけることにしました。

大切にしたのはタイミングです。22年12月24日のクリスマスイブに、その時点で決定している15人ほどに電話をかけました。

クリスマスプレゼントになるかどうかは分かりませんが、「心に残る形」というものはあります。タイミングで受け止めかたは変わりますので、選ばれた瞬間の思いを胸に刻んで、やり甲斐に変えてくれるような伝えかたをしたい、と考えました。

クリスマスイブやお正月は、誰もがゆったりとした気持ちになる。感情がいつも以上に澄んでいる時期というか、その日起こった出来事が運命的に感じられたりします。そして、選手の心に刻まれる物語を作るのは、監督としての私の責任なのです。

ファイターズの監督当時から、大切なことを伝える際にはタイミングにこだわっていました。

たとえば、16年の開幕投手に大谷翔平を指名したのですが、彼には2月6日に伝えました。その日は元祖二刀流ベーブ・ルースの誕生日だったからです。

メディアのみなさんには、2月22日の午後2時22分22秒に発表しました。「22」ではなく「2」に意味を持たせました。そう、「二刀流」を貫く翔平へのエールだったのです。

開幕投手が誰になるのかは、メディアのみなさんにとっての関心事です。そこにトピックを織り込むことで、より大きく取り上げてもらうことができます。そうやって周囲を巻き込み、ムーブメントを起こすことが、当事者のためにも、野球界のためにもなると思うのです。

それはちょっと凝り過ぎで恥ずかしいな、と思う方がいるかもしれません。40代や50代の男性は、「自分たちのような年代の男性がそんなことをしたら、相手に引かれちゃうのでは？」と、頭のなかに疑問符が浮かんでいるでしょうか。

いえいえ、大丈夫です。60歳を過ぎた私がやっているのですから、どなたでもできるはずです。あとは、やるか、やらないか、だけです。

人生意気《いき》に感ず、功名誰《たれ》かまた論《ろん》ぜん

侍ジャパンのメンバーは、23年1月6日に先行で12人を発表し、残る18人を26日に発表することになっていました。

最後まで悩んだのは、投手を14人にするのか、15人にするのか、ということです。

WBCには独自のルールがあります。ひとりの打者にひとりの投手をぶつけるワンポイントの起用は禁止です。ひとりの投手は打者3人と対戦するか、そのイニングが完了するまで交代できません。1イニングに3人も4人も投手を送り込む場面は想定しにくく、投手リレーをする場合はイニングの頭からの起用が基本となります。

ただ、先発とイニングの頭からの投球には、やはり違いがあります。試合の途中から投げることを苦にしない投手と、得意ではない投手がいます。

先発も中継ぎもできる投手、試合の中盤から投げる投手がポイントになる。走者を置いたなかで力を発揮できるスペシャリストも必要です。

そのなかで、オリックス・バファローズの宇田川優希《ゆうき》が有力な候補として浮上してきま

した。

彼は22年9月に1軍で初登板し、シーズン終盤の厳しい場面で中継ぎとして起用され、力を発揮しました。落差の大きいフォークは、なかなか見られるものではありません。それでいて、四球の怖さがないのです。

さらに言えば、ブルペンで何度も肩を作り直しても、その影響を受けずに結果を残すことができる。これは稀有《けう》な特徴です。経験が少ないことは懸念材料ですが、WBCのような短期決戦では間違いなく戦力になります。

24人で戦うオリンピックに比べると、30人のWBCは選考の幅が広いと言うことができます。それだけに、「このポジションにもうひとりいたらどうなるか」といったシミュレーションをしたくなるのですが、今回のWBCは「投手で勝つ」のです。投手がひとり足りなくて負けた、ということだけは避けなければならない。宇田川のようなタイプが必要だと、最後は納得することができました。

あとはもう、キャンプインを待つばかりです。私は「人生意気に感ず、功名誰かまた論ぜん」と、静かに呟きました。古代中国の政治家・魏徴《ぎちょう》の「述懐」という詩の一節で、人間は相手の志や思いの深さに心を動かされて仕事をするのであり、功名とか名誉とか金銭欲などの私欲は関係ない。自分のすべてを懸けて戦うのだ、と自分に言い聞かせました。

嘘偽りのない心境として、私のような経歴の人間に侍ジャパンの監督は荷が重いものでした。それでも、私に期待をしてくれた人がいるのです。名前も顔も知らないけれど、私を応援してくれる野球ファンもいる。自分に能力が足りないのは分かっているけれど、そういう人たちの思いに応える責任はある。それも、全力で応える責任がありました。

自分にはちょっと荷が重い仕事を任された。自分にはふさわしくない役職に就くことになった――そんなときは、胸がざわつきます。表面的には平静を装っても、心のなかには嵐が吹いているかもしれません。

逃げ出したくなったりしたら、「人生意気に感ず、功名誰かまた論ぜん」と口に出してみてください。あなたならできる、やってくれる、と信じている人の顔が思い浮かんで、勇気が立ち上がってくるでしょう。困難に立ち向かう心こそが、勇気なのです。

書は言を尽くさず、言は意を尽くさず

23年2月17日、宮崎でのキャンプがスタートしました。

プロ野球のチームがキャンプインする場合、選手、スタッフが一堂に会してミーティングをします。しかし、メジャーリーグの選手は合流のタイミングがまちまちで、この段階で全員が揃うことは叶いませんでした。

何人かの選手が欠けたなかでも、みんなの心をひとつにするにはどうするべきか。数日前から最適解を探していたなかで、孔子が『易経』に残したこの言葉が胸のなかに広がっていきました。

言葉で説明することと、文字で伝えることのどちらが、イメージが伝わりやすいでしょうか。あるいは、本とテレビを比べたらどうでしょうか。

私個人の感覚では、視覚的にとらえることのできる映像は理解がしやすい。早く理解できます。その反面、想像力を働かせないところがあります。あれこれと考えなくても、目で理解できるからです。

文字はどうでしょう。私は小説を読む時、登場人物の顔のつくりや身体の大きさ、日差しの眩しさやアスファルトを叩く雨音、食べものの温かさや匂いといったものを想像して、頭のなかで映像化していきます。最初から映像を観るよりも時間はかかりますが、そのぶん記憶に残りやすく、より強く残るのではないだろうか、と思います。

口頭で「期待しているよ」と伝えるのと、文字に「期待しているよ」と書いて渡す。同じ言葉ですが、受け止めかたは異なるでしょう。

相手の瞳をじっと見つめ、肩に手を置き、指先に力を込めて「期待している」と言ったら。その期待がとても大きなものであることが、相手に伝わるでしょう。

文字で伝えるということは、基本的に対面ではありません。息遣いや熱意をじかに感じてもらうことはできませんが、文字にもメッセージを込めることはできます。記憶というものは感情に結びついているので、強い感情に結びついた言葉は、5年後も10年後も記憶のなかで息づいています。

パソコンで打ち込んだ文字は無味乾燥ですが、手書きの文字には書き手の人となりが表われます。鉛筆でも芯の濃さと硬さによって、文字は異なる表情を見せます。

書きかたでも違いが生まれます。大きな文字で文字と文字の間をゆったりと開けて書くのか。細い行に小さな文字をぎっしりと埋めていくのか。書き手がどんな心持ちにあるのかが、書きかたで想像できるような気がします。

私は毛筆を使います。縦書きで、文字は比較的大きめに。

決してきれいな字ではありませんが、相手が読みやすいように。『論語』に「辞は達するのみ」とありますが、飾り立てた言葉を並べるのではなく、自分の思いを真っ直ぐに、正直に伝えることを意識します。

孔子の言った「書は言を尽くさず、言は意を尽くさず」とは、「文字では言いたいことは表わしきれないし、言葉では考えていることは表わしきれない」との教えです。

そのとおりだな、と得心します。言葉というものはとてもあいまいで、使いこなすのがとても難しい。肯定のつもりで書いたり話したりしたものが、否定的に受け止められてしまうことがあります。

それでも言葉には確かな力があると、私は信じています。いますぐ伝わらなくてもいい、明日か明後日か、それとも1週間後かもしれないけれど、いつか相手の心に届く日が来る。そう信じています。

ファイターズの監督就任1年目に、斎藤佑樹《ゆうき》を開幕投手に指名しました。毛筆で手紙を書き、彼への期待を綴《つづ》りました。

その後も様々な場面で手紙をしたためましたが、若い人は手紙を保管することをためらうかもしれない。それならば、と、本を贈ることにしました。その選手に伝えたい内容や、私の思いに近い本を選んで、表紙を開いてすぐの白いページに、メッセージを書くようにしたのです。

書き間違いのないように、集中して、魂を込めます。書き直しはできませんので、『論語』の「再びすれば斯《こ》れ可なり」にならい、しっかりと読み直しました。

自分の気持ちを、どうやって伝えるのか。会って話すのか、電話なのか、ＬＩＮＥなのか、メールなのか。難しいです。

相手の頑張りを讃えるのか、間違いを指摘するのか。伝える内容と相手の状況によっても、ふさわしいツールが替わります。

ひょっとしたら手紙は、意思の伝達方法としてもっとも古いツールかもしれません。書いて、読み返して、封をして、投函する。郵便なら相手に届くのは、早くても翌日でしょうか。現代の時間感覚にそぐわないかもしれませんが、もう着いたかな、読んでくれたかな、何か返事が来るかな、と考える時間は決して無駄ではなく、私にとってはむしろとても愛おしいものです。

あなたの大切な部下に、同僚に、友人に、家族に、どうやって思いを伝えるのか。どのツールを選ぶにしても、みんなのためを考える「義」と、良心的である「忠」を忘れずにいたいものです。

侍ジャパンの選手たちには、手紙で私の思いを伝えました。アメリカ生まれのラーズ・ヌートバーにも毛筆の手紙を書き、英語の訳文を添えました。日本語の文化に触れてもらいつつ、侍ジャパンの一員として一緒に戦うぞ、という思いを込めました。

一方通行な思いだとしても、形にすることに意味がある。そして、できることはすべてやる。「あのとき、あれをやっておけばよかった」という後悔は、絶対にしたくありません。

手紙の最後には自分の名前を書き、その横にゴム印を押しました。ゴム印を使うべきかどうか、使うとしたらどんな言葉にするのかを熟考したすえに、「第一義」の文字を押しました。

物ではなく心が大事だ。日本野球の素晴らしさを世界に知らしめよう、という思いを込めて。

人はこの世に生まれ落ちた瞬間、全員が天から封書をもらって生まれてくる

森信三先生のこの言葉を、私はキャンプイン直前にノートに書きました。

私たちにはそれぞれに使命があり、その使命に向かって生きることが天分です。生まれながらの才能、努力して身につけたものを存分に発揮して、与えられたものへ向かっていくときに、人は充実感を得ることができるのでしょう。

そうやって頭では理解していながら、私はときに迷うのです。

子どもの頃から野球が好きで、憧れだったプロ野球選手になることができました。あろうことか、監督まで務めさせてもらいました。

さらにいまは、日本を代表するチームの監督を任されています。野球人としてこんなに幸せなことはないのに、重責を感じるあまり小さなことに神経が過敏に反応してしまう。身体が硬くなったり、重くなったり感じてしまう。

自分の使命に向かうことに足がすくんだり、恐れたりしているのです。天からの封書を読んだはずなのに、忘れてしまっているのです。充実感を恐れが上回っている状態です。

侍ジャパンに選ばれている選手たちは、自分の才能と努力によってＷＢＣで戦えるレベルにまで到達してきた。彼らは天からの封書を読んでいる。

あとは、彼らの能力を引き出せるか。監督たる私が、天からの封書を読み返して、恐れず、怯《ひる》まず、惑《まど》わずに、現地時間３月21日の決勝戦まで過ごしていけるか、です。

森先生によれば、天からの封書を開かないままに人生を終えてしまう人が、とても多いそうです。

天から与えられた才能なんて、自分にはない。そう思っている人がいるかもしれません。

私だってそうです。苦しいことやつらいことがあると、気持ちが深い穴へ沈み込んでいきそうになります。小さな自分に絶望したくなりますが、そんなときこそ自分を奮い立たせます。

野球界のスーパースターにはなれなかったし、球史に残る名監督にもなれていないけれど、自分にできることはすべてやり尽くそう、と。

あなたに届いた封書にも、私の封書にも、「精いっぱいの自分を目ざしましょう」と書いてあるに違いありません。できるか、できないかではなく、とにかくやってみる。10センチでもいい。一歩踏み出した自分を褒めて、明日は20センチ踏み出してみませんか。

一《いっ》国《こく》は一《いち》人《にん》を以《もっ》て興《おこ》り、一《いち》人《にん》を以て亡《ほろ》ぶ

侍ジャパンのメンバーが決まると、メディアのみなさんから「キャプテンは誰にするのですか?」と聞かれるようになりました。

ファイターズの監督当時は、その選手の自立を促すためにキャプテンに指名するケースがほとんどでした。責任ある立場を任せることで、結果的にチームをまとめる仕事もして

くれることになります。

私たち侍ジャパンは2月17日に始動し、およそ3週間後の3月9日に中国とのWBC1次ラウンド開幕戦を迎えます。準備期間の短さを考えると、監督以下コーチ陣の意図をみんなに伝える人材として、キャプテンを決めたほうがいいかもしれない。キャプテンに指名された選手は、遠慮なくリーダーシップを発揮できる、ということもある。キャプテンを決めることのメリットは、確かにありました。

当事者たる選手たちは、どう思っているのだろう。

22年11月の強化試合で、すでに侍ジャパンの経験豊富な選手に「キャプテンは決めたほうがいい?」と聞きました。すると、「あえて決めなくても、経験を持った選手は必要なことをしっかりやります」との答えが返ってきました。

古代中国の文人・蘇洵《そじゅん》が残した『管仲論《かんちゅうろん》』に、「一国は一人を以て興り、一人を以て亡ぶ」とあります。国が興ることも滅びることも、ひとりの強い思いが周りの人たちを巻き込んでいき、巨大なうねりとなって時代が揺れ動く。

良いことも、悪いことも、大変なことも、ひとりの思いから始まっていく。だとすれば、一人ひとりが本当に強い思いを胸に抱き、それが重なり合っていかないと、我々は勝つことができない。

目をつぶっても全員が同じ方向へ歩き出せるぐらいに、意思疎通をはかっていく。準備期間の短さを考えれば、簡単なことではありません。それでも、世界制覇のために自らがなすべきことを一人ひとりが緻密に実行していけば、侍ジャパンは強力な組織になるという確信を持つことはできました。

少人数のグループでも、50人規模の部署でも、100人以上の大所帯でも、人と人とのつながりの重要性は変わりません。侍ジャパンでも、中小企業でも、学校の部活動でも変わりません。

だからこそ、孟子は「天の時は地の利に如かず。地の利は人の和に如かず」と言ったのでしょう。たとえ黄金の好機に恵まれても、ひとりの力でそれを生かすのは難しい。学校の文化祭でも、会社のプレゼンでも、それに携わる人が心をひとつにすることが、成功のカギになるのです。

最終的に私は、キャプテンを決めませんでした。キャンプ初日に質問を受けた際には、「全員が『オレがキャプテンだ』と思ったら、プレーのしかたは変わるはず。チームが勝つために全員が行動し、全員が話をし、全員で引っ張ってもらいたい」と話しました。

そこには、もうひとつ大きな理由がありました。

ひとえに親鸞《しんらん》ひとりがためなりけり

浄土真宗を興した親鸞の言葉です。

万人に説かれた釈迦の教えを、親鸞は自分ひとりのものととらえています。自分ひとりとは傲慢《ごうまん》な印象を与えそうですが、私は「究極の当事者意識」と受け止めます。自分を厳しく見つめ、自分の弱さ、拙《つたな》さ、愚かさ、醜《みにく》さといったところまで自覚して、きれいで真っ直ぐな心を身につけ、困難に立ち向かう強い意志を持ち、困っている人を助ける心意気を、磨いていったのだと思うのです。

侍ジャパンの選手たちにも、「究極の当事者意識」を求めました。それが、キャプテンを決めなかったもうひとつの理由です。

私にとっての初陣となった22年11月の強化試合で、選手たちにこう伝えました。

「このチームはジャパンだけど、チームがジャパンではなく、あなた自身がジャパンなのです。そう思って戦ってください」

会社の経費を使うときに、自分が苦労して立ち上げた会社なら、無駄遣いをしないでしょう。ボールペン1本にしても、本当に必要かどうかを考えて買うはずです。最後まで使い切ってから、新しいものを買うでしょう。

経費の使いかただけでなく、仕事の進めかたにしても、「それが会社の将来にプラスになるか」と考えるでしょう。当事者意識の思考になるのです。

家族の絆は「究極の当事者意識」と言うことができます。お父さんとお母さんが子どもたちに注意をするのは、「爾《なんじ》に出ずる者は、爾に反る」という孟子の教えが代々受け継がれていて、人に迷惑をかけてはいけない、人の役に立つことを心がけよう、困った人がいたら手を差し伸べよう、といったことを子どもたちに教えていく。それはつまり、他人の痛みや苦しみを、当事者意識を持って感じ取ろうということでしょう。

侍ジャパンに選ばれた選手たちは、チームを勝たせるために「JAPAN」のユニフォームを着ています。「最年長で過去に出場経験のあるダルビッシュ有さんについていこう」といった姿勢ではなく、自分がこのチームを勝たせるという気持ちでプレーする。チーム内で起こることはすべて他人事ではなく自分に関係している、という気持ちを、30人の選手全員に求めました。我々の侍ジャパンでは、選手全員がリーダーで、全員がキャプテンなのです。

試合のなかで追い詰められたり、勝負どころで結束を高めたりする場面では、精神的支柱となる存在が必要です。若い選手が話しやすい環境作りも考えましたが、キャンプ初日から今永昇太《しょうた》が色々な選手と部屋で話をしている姿を見ることになります。選手たち自身が作り出していく雰囲気を大切にしながら、私自身も当事者意識を磨いていきました。

師《し》は出《い》ずるに律《りつ》を以てす。否《しか》らざれば臧《よ》きも凶《きょう》なり

『易経』に収められているものです。師（軍隊）がいくさに出陣するまえには、まず陣営内部にしっかりと規律を持つことが大切であり、規律を失えば凶になる、と説かれています。

さらに、現場の判断は現場の責任者に一任しなければならない、と続きます。規律によって統制を取るけれど、現場での判断は現場を熟知しているリーダーに任せるのです。

侍ジャパンのキャンプに、メジャーリーガーのダルが初日から参加してくれました。

メジャーリーグでは23年シーズンから、投球間隔を秒数で制限するピッチクロックが導入されることになっていました。また、メジャーリーガーはＷＢＣのルールによって、３

月6日までは強化試合に出場できません。

所属するサンディエゴ・パドレスのキャンプに参加していれば、オープン戦で登板することができます。しかしその場合は、侍ジャパンへの合流がWBCの開幕直前になってしまう。自分の調整を優先するか。それとも、チームに早く合流することを優先するのか。彼は迷うことなく、キャンプから合流することを選んでくれました。

ダルとは選手選考をしている過程で、2度会っています。1度目は22年の8月で、たっぷり2時間は話しました。僕が伝えたのは「勝ち負けを超えてくれ」ということです。「変化球の投げかた、練習への取り組みかた、食事の摂《と》りかた、個人のトレーニングのしかたといったものを教えてくれたら、どれだけ日本球界のためになるか。それだけを考えてほしい」と、お願いをしました。

彼と会ったちょうどそのとき、妻の聖子さんが4人目のお子さんを出産する直前でした。出産後の妻にはできるだけ負担をかけないようにしたいんです、と打ち明けられて、その流れで「スコアラーはどうでしょうか」とダルに提案されました。

おりしもアメリカでは、翔平の同僚でもあるマイク・トラウトがWBC出場を公言していました。トラウトは同世代のスーパースターにともに戦おうと呼びかけ、アメリカ国内が大いに盛り上がっていました。

ダルは「こういう攻めかたをすれば、トラウトは抑えられます」と、熱を込めて説明してくれました。メジャーリーガーとの対戦豊富な彼は、WBCに出場してくる選手の攻略法を知っている。自分が蓄積してきたデータをあますことなく提供して、「スコアラーのような戦略的な立場で侍ジャパンに貢献したい」、という申し出だったのです。

彼の経験とデータが、破格の価値を持っているのは間違いありません。私自身はそれを、選手として還元してほしい。この時点では明確な参加の意思は得られず、私もまた答えを求めませんでした。「家庭の事情」というものも、辞退の理由になるからです。

次に会ったのは、22年の12月上旬でした。WBCの監督会議が、彼が所属するパドレスの地元サンディエゴで行なわれたのです。急いで連絡を取り、会えることになりました。ダルは数日前にSNSで、WBC出場の意思を示していました。その裏には妻の聖子さんの協力と後押しがあったはずなので、私は聖子さんあての手紙を持参しました。

聖子さんとお子さんも交えた食事会は、とても楽しい時間でした。そこでダルが、「監督、侍ジャパンに僕が参加するのに、最初から合流しないなんてあり得ないですよね。それじゃあ、チームにならないじゃないですか」と言うのです。その言葉どおりに、彼は2月17日のキャンプイン初日から宮崎に居ました。

メジャーリーグで10シーズンにわたってプレーしてきたダルは、侍ジャパンの若い選手たちにとって憧れの存在です。09年のWBC決勝で抑え投手として登板し、優勝を決めたマウンドで雄叫《おたけ》びをあげた姿は、WBCで勝利する日本の象徴的なシーンとして記憶されています。そのダルが、若い選手と積極的にコミュニケーションを取っているのです。それだけでなく、「それはどういうふうに投げているの?」と、質問までしています。スマートフォンで投球フォームを撮影して、一緒に確認したりもしていました。

どの選手の顔にも「楽しい」と書いてあります。初日から充実感に満ちた練習となりました。ダルこそは現場の責任者であり、彼に一任しておけば間違いないと私は確信しました。

吉凶の分かれ目は悔吝《かいりん》にあり

侍ジャパンのキャンプインを前に、オリックス・バファローズの宇田川のコンディションが上がってこないとの連絡がありました。彼は22年シーズンに1軍デビューを飾った選手で、シーズンオフの過ごしかたがつかめていなかったのかもしれません。あるいは、1

軍で投げられるようになってすぐに侍ジャパンに選出されたことに、戸惑いを覚えていた可能性もあったでしょう。

それでいて、やることは多いのです。投手の彼は、WBCの使用球に慣れておく必要があります。

2月1日にスタートしたオリックスのキャンプでは、中嶋聡《さとし》監督が「こんな状態でなにが侍ジャパンだ！」と、強い言葉で背中を押してくれていました。本人はもがき苦しみながらもコンディションを上げて、我々のキャンプに合流してきました。

ただ、なおも苦しみの真っただ中にいたのでしょう。

18日にダルがブルペンに入り、若手投手陣がズラリと並んで見学していたそのとき、宇田川はトレーニングルームにこもっていました。その日の練習後に取材に応じると、「正直、気後《おく》れというか」と、チームに馴染めていないことを匂わせていました。

そんなときに、ダルが監督室のドアをノックしてきたのです。

「監督、お願いがあります。宇田川の今日のピッチング、見ていましたよね。良くなってきましたよね。監督からその良かったなという感じを、話してあげてもらえませんか。いまの状況を考えれば、そういう言葉が大きな意味を持ちます」

ダルのチーム愛に溢れる思いに触れながら、ここは「吉」と「凶」の分かれ目だと理解しました。宇田川の調子が上がっていないことを悔やみ、私自身の彼への働きかけを過ちだと後悔して、「吉」へ向かっていくようにしました。

ここで後悔することを良しとしないと、宇田川の調子は変わらない。つまりは、どんどんと「凶」へ進んでしまう。

私たちの心には、知らず知らずのうちに油断が入り込んできます。過ちを後悔して行動を変えても、また油断して驕《おご》りや慢心にとらわれてしまう。吉と凶の分かれ目で、変わることをためらうとか、面倒だとする「吝《りん》」の心境に陥るのではなく、自分の大切な人のために動ける人間でありたいものです。

ダルの貴重な助言を受けて、私は宇田川に声をかけました。本人は「まだまだ緊張感が大きいのですが」と申し訳なさそうに話していましたが、「何とかします」という言葉にはそれまでとは違う力強さが込められていました。

誰かを指導する立場の人は、「褒めて伸ばす」のか、「叱って伸ばす」のか、頭を悩ませるのではないでしょうか。どちらかではなくときに叱り、褒めて、励ます、というのが理想なのでしょうが、その使い分けが難しい。自分では「叱るタイミングだ」と思っても、相手は励ましてほしかったかもしれない。

そうしたときにこそ、過ちを悔いて「吉」へ向かうような行動をとりたいものです。

『易経』には「庸言《ようげん》これ信《まこと》にし、庸行これ謹《つつし》み」とあり、「すべきときにすべき事をする」ことを人生の要点としています。もっと分かりやすく言えば、迷うなら進め、ということなのでしょう。

報われてはいけない

塩沼亮順大阿闍梨《しおぬまりょうじゅんおおあじゃり》は、「報われてはいけない」と言います。

仕事でも、学校でも、家庭でも、難しい状況に立たされた私たちは不幸を呪います。当たりどころのない憎しみをかかえたりもしますが、塩沼さんは「大変な状況に置かれている方は、いまは『功徳《くどく》の貯金』をしていると考えてみてください」と私たちに問いかけます。

そのうえで、自分自身の現状に足踏み状態や停滞感を覚えているのであれば、それは「恵まれ過ぎているからかもしれません」と諭します。少なくとも毎日ご飯を食べることができているのなら、それだけでありがたいことではないでしょうか、と言うのです。

塩沼さんの教えを、私は『論語』の「己に克ちて礼に復《かえ》る」に紐づけます。自分自身の欲求を満たすのではなく、ルールをきちんと守ることや人の役に立つことを優先したい、と考えます。

言い換えると、「報われてはいけない」ということになります。

宮崎キャンプでのダルは、一切の見返りを求めていませんでした。グラウンド上で多くの選手とコミュニケーションを取り、休日には食事会を開いて交流を深めました。投手陣が集まった食事会は、『宇田川会』と名付けられました。調整に苦しんでいた宇田川を励ますためであり、「自分がチームを勝たせる」という当事者意識を植え付けるためだったのでしょう。

オフの食事会は、野手の選手とも行なわれました。ダルの心配りとしてメディアでも取り上げられましたが、実は宿泊先でも彼のアイディアからコミュニケーションが深まっていきました。

新型コロナウイルス感染症の対策として、大人数での食事は同じ方向に机を並べて黙食、というスタイルが取られてきました。ここでダルが、「これだと話ができないので、大きな丸テーブルをいくつか置くように変えられませんか」と聞いてきたのです。基本的な感染症対策を続けつつ、食事中も野球の話ができる環境を作ると、やはりコミュニケーションが活発になりました。

宮崎キャンプを終えて、京セラドームでの強化試合に臨んだ際にも、ダルの気配りを目の当たりにします。京セラドームはオリックスの本拠地で、所属選手のグッズが売られています。そこで、チームマネジャーに頼んで宇田川のキーホルダーを買ってきてもらい、写真付きでツイッターに投稿しているんです。

親愛なるダル！

このチームになぜあなたが必要なのかを、様々な場面で説明させてもらいました。宮崎キャンプでは初日から一切の壁を作らず、若い選手たちのなかへ飛び込み、伝えるべきことをしっかりと浸透させつつ、10歳以上も年齢が下の選手に質問をして、新たな感覚や思考に触れ、自分の進化の糧《かて》にしていく姿勢を見せてもらいました。宮崎キャンプの初日から決勝戦を終えたあの夜まで、感謝の思いを胸いっぱいに抱えて君を見ていました。

報われることを一切求めず、無私の心でチームに尽くしてくれたその姿は、人間としての魅力に溢れていました。

比較を絶つ

日本のプロ野球は、2月1日にキャンプインし、中旬から紅白戦などの実戦に入り、下旬から他チームとのオープン戦に突入していきます。3月末の開幕戦まで、15試合から20試合ほどの実戦を重ねて、ケガに気を付けながらパフォーマンスをあげていく。

ところが、WBCに出場するメジャーリーグの選手は、WBC公式のオープン戦となる大会直前の2試合しか出場できないことになっていました。これが投手になると、登板間隔を確保しなければならないので、直前の試合で投げることはできません。

大会の主催者側には、メジャーリーグの選手がチームとして準備できる試合を増やしてほしいと、何度も要望しました。試合に出られないにしても、ワンチームになるためにある程度の時間がほしいのです。

しかし、どれほど交渉を重ねても、我々の要望は認められませんでした。

メジャーリーグの選手に練習に参加してもらうには、保険料を支払わなければならないとのことでした。年俸に基づいた日割りとのことで一日分でもかなりの金額になります。

そうした状況を踏まえると、吉田正尚、鈴木誠也、翔平、ヌートバーの合流は直前になります。選手によってコンディションは異なり、調整のしかたも違うので、そのタイミングは一人ひとりの判断に任せました。

メジャーリーグのキャンプに参加せず、宮崎キャンプに初日から合流したダルは、その代償として自身の調整が難しい状況へ追い込まれることになりました。本人は「何とかします」と言ってくれましたが、宮崎ではチームファーストのスタンスを貫いてくれていたので、自身の仕上がり具合は後回しになっています。

ダル本人が覚悟を決めているのに、私が不安に駆られてどうするのだ。心に弱気が忍び込まないように、私は森信三先生の「比較を絶つ」という言葉をノートに書きこみました。

私たちの悩みは、同僚や友人との比較から生じるものが多い。「あの人はこんなことができるのに、なぜ自分はできないのだろう」とか、「あの人には才能がある。自分が頑張っても追いつけない」と、我が身を嘆きます。

自分にないものを持っている人、自分ができないことができる人を、うらやましく思うのは当然でしょう。けれど、「一切の悩みは比較から生じている」ということに気づくと、肩の力が抜けていきませんか。比較の材料となるものを意識から遠ざけて、自分の仕事に、勉強に打ち込んでいけば、悩みから解き放たれます。

森先生は「比較を絶したる世界へ躍入するとき、人は始めて卓立して、いわゆる天上天下唯我独尊の境地となる」と教えます。

「天上天下唯我独尊」という言葉には、どこか荒々しい印象がつきまといます。本当の意味はまったく違うもので、私は「天上天下にただひとりの、誰とも代わることのできない人間として、自分の使命を果たしていきましょう」というものだと理解しています。生まれながらの能力や学歴、地位や貧富などを気にすることはない、つまり他者と自分を比較することはない、と教えてくれているのでしょう。

ダルに実戦に近い練習を積んでもらうために、私は中日との強化試合を活用することにしました。立浪《たつなみ》和義《かずよし》監督にお願いをして、中日の打者相手にピッチングする機会を作ってもらったのです。

打者相手に投げたのはこの一度だけで、ダルはＷＢＣへ向かっていくことになりました。彼のブレない態度は、まさしく「比較を絶つ」ものでした。

不自由を常と思えば不足なし。心に望み起こらば困窮したるときを思ひ出すべし

徳川家康が遺した有名な言葉です。

ファイターズの監督当時から、この言葉の意味を心に留めてきました。

優勝するためには戦力が足りない、もっと補強が必要などと考えるのではなく、与えられた戦力で結果を出すのが自分の仕事だ、と割り切るようにしていました。

足りないことを嘆くと、懊悩《おうのう》の淵に沈んでしまいます。それに対して、足りないことを受け止めれば、嫉妬や羨望を遠ざけることができます。ファイターズの監督当時の私は、「福岡ソフトバンクホークスに優勝のしかたが100あるとしたら、今年のファイターズは10しかないかもしれない。でも、10もあるのだから、それを間違えないようにして優勝へ向かっていくのだ」と話していました。

WBCへ向けた準備として、3月3日、4日、6日、7日に強化試合が組まれていました。ここで問題となったのは、投手の登板間隔です。WBCが開幕する9日からの逆算で考えると、6日なら中2日の登板間隔が空きます。しかし、7日に投げると中1日しかあ

りません。先発投手に比べて球数の少ない中継ぎ投手でも、初戦の登板は回避することになります。

吉井理人《まさと》投手コーチからも、「7日は投げる選手がいません、試合はできません」と、懸念を伝えられていました。そこで浮上してきたのが、「50人の変更可能な登録選手なら、7日の試合に投げさせてもいい」というものでした。

ここでまた、新たな問題にぶつかります。ボールです。

登録可能な選手たちは、ケガ人などが出たら入れ替わりで入ってもらう可能性がありま す。ただ、基本的には日本のシーズン開幕へ向けて、日本のボールで練習を重ねています。いきなりWBCのボールを使うことになったら、指先の感覚などが変わってきます。万が一にでもケガを引き起こしたら、選手にも選手が所属する球団にも申し訳が立ちません。WBC側からは「7日の試合はWBCと同じボールを使うように」との通達がありましたが、ここは絶対に引き下がれません。「選手が故障したら困ります」とギリギリまで訴え、日本のボールを使うことが認められました。

自分の思いどおりにいかない状況、つまり不自由な状況は、決して特別なことではない。それが当たり前だと考えれば、不満は生じません。

心に欲が染み出してきたら、苦しかった場面を思い出しましょう。不自由を常と思うことは、いまの自分を客観視することにつながります。そして、そのなかで自分にできる精いっぱいを尽くしていけば、難局を乗り越えることもできるはずだ、と私は考えます。

第3章
一道に

侍ジャパンの勝利にのみ、心を向けて。
艱難《かんなん》の時があっても、全員で乗り越えていく。
一人ひとりの力を信じるところから、
世界一への道は開ける。
私情や理屈を排し、ひたすらに、
ひたむきに、最高純度の情熱と闘志を注ぎこむ。
恐れず、怯《ひる》まず、いざ、世界一奪還へ。

足るを知る者は富み、強《つと》めて行なう者は志有り

ＷＢＣを迎えるにあたって、私は「勝つためにできることは何でもやろう」と心に決めていました。そのなかで、２月の宮崎キャンプに30人プラスアルファの選手を招集し、競争をしてもらいながら最終的な見極めをする、という方法を模索しました。

早めに30人を固めれば、選手の組合せを具体的に考えることができます。他方、すぐには30人を決めずに競争という要素を取り込むと、緊張感が高まってより仕上がりのいい選手でチームを作ることができる、との期待が抱けます。

ＷＢＣは短期決戦ですから、調子の上がらない選手の復調を待つ時間はない。調子の良い選手をしっかりと見極めて起用することで、勝つ確率を上げていく。そのために宮崎キャンプも選考の舞台にしようと方向性を固めたところで、２月６日までに30人のメンバーを確定しなければならない、との通達が届きました。

自分が考えたやりかたで、勝つ確率を上げることはできない。当惑と怒りが入り混じったような感情を覚えつつ、私は『老子』による「足るを知る」という考えを身体に染み込

ませていました。
ＷＢＣのルールは、私ひとりの力で変えることはできません。心を悩ませてもしかたのないことです。足りないことを憂うのではなく、それでも仕事ができること、生きていることに感謝して、努力をしていく。時には奥歯を嚙み締める場面もあるでしょうが、そうやってくじけない姿勢を持ち続けていれば、私の志に共感する人が一緒に戦ってくれる、と信じていました。

侍ジャパンというチームを作ることは、誰かを選び、誰かを外すことと同義です。稲盛和夫さんは「人から嫌われたくない人間では、部下を育てることも、組織を強くすることもできない」と話しました。その真意は広く理解されているところでしょうが、そのとおりに実行することはたやすくありません。

自分自身の過去の行動に目覚めると、自信を持って「できている」と言い切れません。「嫌われたくない」との思いが、客観的な評価や判断を邪魔してしまった、という場面が思い浮かびます。「組織のため、組織に属する個人のために、嫌われてもいいから正しいと思うことをやり通す」のは、誰にとっても簡単なことではないのでしょう。

宮崎キャンプを過ごす私は、ノートを開きながらこれから自分が進むべき道を確認していました。古典にある言葉や経営者の至言を、一日に何度も書いた日もありました。

侍ジャパンを世界一へ導くという自らの使命に立ち返り、知恵と情愛と意思を常識として、勝つための最善の決断を下す。その覚悟は、間違いなく選手たちに伝わる――。最大限の努力を心掛けながら、自分の為すべきことを見失わない。

宮崎キャンプは不自由を常と思い、嫌われる覚悟を深めていく日々でもありました。

勝ちに不思議の勝ちあり、負けに不思議の負けなし

江戸時代後期の平戸藩（現在の長崎県平戸市）の藩主・松浦静山による剣術書『剣談』にある言葉です。日本のプロ野球界を代表する名監督の野村克也さんもよく使っていましたので、ご存知の方も多いでしょう。

幸運に恵まれた勝利はあるけれど、敗戦には必ず理由がある――私はそこに、準備の大切さを読み取ります。

ＷＢＣまでには、強化試合が６試合ありました。２月25、26日の福岡ソフトバンクホークス戦、３月３、４日の中日ドラゴンズ戦、６日の阪神タイガース戦、７日のオリック

ス・バファローズ戦です。

最初の実戦となるソフトバンクホークス戦は、コーチに「野手を全員使ってくれ」と話しました。全員にバランス良く打席数を与えて、調子を見ていきました。

宮崎で行なわれたソフトバンクホークス相手の2試合は、大谷翔平、吉田正尚、鈴木誠也、ラーズ・ヌートバーの4選手はチームに合流していません。15人の野手が11人しかおらず、吉田、鈴木、ヌートバーのいない外野手は2人だけです。これでは試合に支障をきたすので、セ・パ両リーグの12球団に説明させてもらい、宮崎の2試合には読売ジャイアンツと埼玉西武ライオンズから3選手が参加してくれました。その後の試合でも、サポートメンバーを出してもらいました。

各球団の協力体制には、感謝の気持ちでいっぱいでした。個人的には万波《まんなみ》中正《ちゅうせい》（北海道日本ハムファイターズ）や藤原恭大《きょうた》（千葉ロッテマリーンズ）は、今シーズンの飛躍を予感させるような経験を積んでくれたのではないか、と感じました。

パシフィック・リーグで長く戦ってきた私は、情報の少ないセントラル・リーグの選手に自然と目が向くのではないか、と事前に考えていました。実際に、中野拓夢《たくむ》（阪神タイガース）の走塁における勇気や決断力には目を引かれました。

同時に、パ・リーグの福岡ソフトバンクホークス所属の周東《しゅうとう》佑京《うきょう》は、対戦して何度もそのスピードに泣かされてきたにもかかわらず、改めて衝撃を受けました。思い切りが良いうえに決断力と判断力があるので、スピードが際立っているのです。

中野と周東は、ここ一番の勝負手になる。代走のカードが1枚ではなく2枚あるのは心強く、あとは私が彼らのスピードを使いこなせるかどうかにかかっていきます。

本番への準備として、投手の継投や代打をどう使うかなどは確認事項として欠かせません。さらには守備位置と走者のスタートも、采配のポイントになります。

とりわけ、僅差で競り合っている試合の終盤では、事前にシミュレーションをしておきます。攻撃側でも守備側でも、走者の動かしかた、内外野の守備位置、捕手の送球場所などを想定しますが、あらゆる角度から状況を読んで判断していきます。そして、大事な試合になればなるほど、何を優先するのかが大事になります。

WBCではタイブレークがあります。延長戦に突入すると、ノーアウト2塁からスタートします。

先頭打者がバントで走者を進め、1アウト3塁にします。ランナーは周東で、打者は岡本和真（読売ジャイアンツ）で、次打者は村上宗隆（東京ヤクルトスワローズ）です。

岡本が内野ゴロを打ったとしたら、周東を本塁に突っ込ませるのか。それとも、村上が好調なので、走らせないのか。ここでは、相手の前進守備の位置やそもそもの守備力から、自分たちが守りになった際の投手が誰なのか、相手の打順はどうなのか、といったところまで判断材料に加えていきます。

そのうえで、打者にスピードがあるならサードランナーは本塁へ突っ込み、本塁を陥れるのが難しければ挟まれて、その間に打者がセカンドまで進む、というのがセオリーです。もちろん、そのとおりにいくとは限りません。同じチームで同じようなシチュエーションを経験していれば、お互いの動きがイメージできるのでしょうが、侍ジャパンではそこまでの意思疎通をはかる時間はありません。

様々な状況を想定すると、周東でも走らせないケースはあると考えていました。しかし、強化試合で彼が見せた走塁は、異次元のものでした。

日本野球のすべてを彼の走塁術に懸けてもいい。それぐらいの印象を与えてくれました。

岡本にも感心させられました。

巨人の4番を務めている彼は、そのバッティングでチームを勝たせる存在です。長距離打者なので本塁打を打つイメージが強いのですが、ケース・バイ・ケースで右打ちをしたり、内野ゴロでも得点が入るバッティングをしたりします。チームバッティングに長けていて、その器用さが目に留まりました。

WBCのような大会では、チームに帯同できる人数が限られています。そのため、コーチ陣が打撃投手役を担っていくのですが、そのひとりの城石憲之《しろいしのりゆき》内野守備・走塁兼作戦コーチが、「岡本はどこにでもきれいにバットが出てくる。ホームランではなく打率だけを求めたら、必ず3割は超える」と話していました。

スポーツではなく日常生活でも、幸運に恵まれることはあるでしょう。けれど、幸運は何度も続くものではありません。「柳の下のどじょう」や「株を守りて兎を待つ」などのことわざは、一度うまくいったからといって二度、三度とうまくいくとは限らないことを表わします。『四書五経』の『中庸』にも、「事を予《あらかじ》めすれば即《すなわ》ち立ち、予めせざれば即ち廃す」とあります。あらかじめ準備をしておけば成功するけれど、事前の考えなしに何かを始めると失敗する、と言い伝えられています。

何かを言うときには、伝えたいことを整理しておく。

何か行動を起こすときには、その目的や行き先をしっかりと考えておく。準備をしておくことで、迷ったり、困ったり、行き詰まったり、躓《つまず》くことを防ぐことができるでしょう。

算多きは勝ち、算少なきは勝たず

中国春秋戦国時代の軍事思想家・孫武《そんぶ》の作とされる兵法書『孫子』には、現代社会を生きる私たちにも参考になる心構えが収められています。そのなかのひとつが「算多きは勝ち、算少なきは勝たず」で、私はこれを「幅を広げる」と解釈しています。

国際試合の大切な場面で、ホームランを打ってくれるのはもちろんありがたい。同時に、ひとつの進塁打や四球なども大きな意味を持ちます。長距離打者でありながら器用さもある岡本の打撃の「幅」は、大きな価値を持ってきます。

試合のなかでは、長打がどうしてもほしい場面が出てきます。先発での出場が濃厚な岡本や村上、吉田らに期待できますが、代打での起用を想定する山川穂高《ほたか》（埼玉西武ライオンズ）も、しっかりとバットを振れます。彼の存在も、チームの幅を広げてくれます。

私が尊敬する三原脩さんは、勝負は「実力5、調子2、運3」の割合で決まると言いました。この考えかたに基づくと、一流選手が本当に絶好調ならば、「5＋2」を満たしてひとりでチームを勝たせることができます。そういう選手が2人、3人と登場してくれることを期待しながら、相手によって、戦況によって、戦いかたの幅を広げることを意識していきました。

侍ジャパンの特徴は投手力なので、3対2や2対1のようなスコアで勝っていくのが理想です。ただ、序盤に4点、5点と失点したら、大量得点を狙っていかないといけない。長距離打者を並べるような打線を、組むことも必要になります。つまりはどんな展開にも対応できる臨機応変さを持つ。

戦いかたの幅を持つ意味は、会社組織にも当てはまるでしょう。上司は部下の能力を理解して、この案件にはこの部下を、あの案件にはこの部下を、と適材適所に人材を当てはめていく。

ある案件に複数の部下を充てるには、一人ひとりの部下の長所と短所を組合せることになります。たとえば、コミュニケーションスキルの高い2人がコンビを組むことで、「伝える力」が高まることがあります。2人の能力が足し算されるケースです。

それに対して、コミュニケーションスキルの高い社員と、そこまで高くない社員のコンビでは、「伝える力」がやや低下してしまうかもしれない。その一方で、「聞く力」や「読み解く力」が高まるかもしれない。

2人の組合せなら、能力を足し算するか、引き算するか、ということですが、3人以上なら掛け算にもなり得ます。より複雑な化学反応が起こるでしょう。

『孫子』は「夫《そ》れ兵の形は水に象《かたど》る」と説明します。水が高いところから低いところへと流れるように、相手の準備が整っていないところを攻めるべきだと言います。

この言葉を私たちの日常に照らすと、「情報共有を欠かすな」という教えになるでしょう。

数人の組織でも、100人単位の会社でも、交渉や営業では相手を知ることが攻略の第一歩となります。そのために必要なのが情報です。上司から部下への報告はもちろん、部署間などの横の連携も緊密にしていくべきです。

相手を知るには、まず味方の連携からです。

益《えき》はなくとも意味はある

侍ジャパンの選手たちには、基本的には自分本来のポジションでプレーしてもらうことを前提にしていました。複数のポジションに対応してくれるのはありがたいですが、「自分はこのポジションで勝負する！」という場所でこそ、最大限の力を発揮できるからです。

胸に「JAPAN」と入ったユニフォームを着る選手たちは、はかり知れないほどの重圧を背負い、プレッシャーに直面し、大きな責任を感じます。試合中はワンプレーの重みが増していきます。心理的な側面も考慮すると、自信を持ってプレーできるポジションで使うべきだろう、という気持ちが膨らみます。

しかしながら、理想と現実のはざ間にも立たされました。

タイガースの中野は、スピードと攻撃力が魅力の選手です。22年11月の強化試合では、存在感を大きくアピールしてくれました。

また、タイガースの本拠地・甲子園球場は、メジャーリーグのスタジアムと同じ土のグラウンドです。イレギュラーも起こりうるグラウンドに慣れていることも、彼の価値を高めています。

彼は22年まで遊撃手を定位置にしていましたが、23年からはセカンドへコンバートされることになっていました。キーストーンコンビと評される二遊間は、内野のセンターラインとして重要なのは言うまでもなく、2塁ベースへの入りかたなどで意思の疎通が欠かせません。2人のサインプレーなどもあり、コンビネーションを構築するには相応の時間が必要です。

二遊間のバックアップとして、中野には二塁手と遊撃手のふたつのポジションで準備をしてもらうことにしました。タイガースの岡田彰布監督にも起用法についてあらかじめ説明して、了承をいただきました。

岡本のポジションも悩みました。彼は三塁手でゴールデングラブ賞をつかんでいるほどの選手ですが、侍ジャパンでは一塁手で出場する可能性も高く、外野を任せることも想定していました。

複数ポジションでの起用を念頭に置いていることを、宮崎キャンプの前に伝えておかなければならない。侍ジャパンの清水雅治外野守備・走塁コーチに連絡を入れてもらうと、「外野手のグラブを使って練習しています」とのことでした。侍ジャパンの一員としての、責任感や覚悟を強く感じました。

WBCでは一塁手で起用しました。彼には申し訳なかったのですが、そのなかで大きな仕事をしてくれました。

本来とは異なるポジションでチームに貢献してくれた中野や岡本は、中国春秋時代の宰相・晏子《あんし》による「益はなくとも意味はある」の言葉を想起させてくれました。

これって、意味があるんですか？

それって、何の得があるんですか？

自分に都合の悪いことや面倒なことが目の前にあると、私たちはこんなふうに呟きたくなります。いつもとは違う仕事や役割を託されると、「自分がやることじゃないのに」とか「どうせうまくいかないんだから、時間の無駄じゃないの」などと、否定的な思考に傾いたりもします。

けれど、「とにかくやってみる」というスタンスで、どうしたらうまくいくのかを考えて、具体的に準備をして、実際に行動してみる。一度目はうまくいかなかったので、やりかたを変えてもう一度やってみる。たとえうまくいかなかったとしても、そうやってアクションを起こしたあなたは、大きな一歩を踏み出したことになります。

外野手が本職の選手が、内野手をやったとします。中継プレーで外野手からのボールをカットマンとして受けたときに、「こういうボールのほうが捕りやすいんだ」といったことを肌で感じる。本来の外野手へ戻ったときに、中継プレーでは内野手が捕りやすいボールを投げよう、と心がける。違う仕事を経験したことで、自分の仕事の精度が上がるのです。

いますぐ有益ではないけれど、のちに役立つという経験があります。だからこそ、3000年も前から、「益はなくとも意味はある」と言い伝えられているのでしょう。

違う仕事や役割を任されたら、どうか嫌がらずにやってみてください。意外な発見があったり、視野が広がったりしますので。

本当に悔しいときは歯ぎしりばかりで、涙なんか出るものではない。こんな瞬間を経てきた人だけが本当の男である

WBCへ向けて準備をしていくなかで、もっとも気になるのは選手のケガでした。選手たちは日の丸を背負って戦うことに責任を感じているので、どうしても無理をしてしまいます。私には各チームからお預かりしている選手を、ケガなく元気に戻す責任がありますので、宮崎キャンプの初日に「もし身体に何かあったら、必ず言ってほしい」と伝えました。「もしどこかに痛みが生じたりしても、すぐにメンバーから外すようなことはしない。しっかり話し合ったうえで結論を出すので、その点は心配しないでほしい」と言い添えました。

そうはいっても、選手たちはギリギリまで言ってこないでしょう。彼らに異変がないかどうかを見逃さないように、我々スタッフ陣が目を配らなければいけない、と留意していました。

宮崎キャンプ中の26日、鈴木誠也が左脇腹の違和感を訴えてオープン戦を欠場した、との情報がアメリカから飛び込んできました。

私自身も経験がありますが、脇腹は少しかゆいぐらいでも気になるもので、復帰までに時間がかかります。

23年のシーズンを迎えるにあたって、鈴木は体重を10キロ増やしました。メジャー2年目のシーズンの飛躍を期して、肉体改造に取り組んだのです。

もしWBCに出場しなければ、肉体改造にもう少しゆっくり取り組むことができたのでは。急がせてしまったばかりに、脇腹に違和感が生じてしまったのでは——私にはそう思えてならず、申し訳ない気持ちでいっぱいになりました。「ごめん、誠也」とひとり呟いた言葉が、部屋の窓にぶつかって跳ね返り、私の顔を何度も打ちつけました。

ニュースを見た私に岸マネジャーから連絡があり、細かい検査をして明日にははっきりしたことが分かるとのことでした。翌日、本人から直接電話がかかってきました。

携帯電話からは、何も聞こえてきません。鈴木は声を詰まらせていて、言葉が出てこないのです。彼の姿は見えないけれど、どんな表情をしているのかが見えるようでした。

長い、長い、本当に長い沈黙のあと、鈴木は「本当にすみません、悔しくて」と言い、また黙り込んでしまいました。彼の声は最初からくぐもっていて、低く沈んでいました。

私は「謝らなければいけないのはこちらだ。無理をさせてしまって、本当にごめんなさい」と、頭を下げました。彼の「すみません」の言葉が耳に張りついて、胸が締めつけられました。

電話を切った私は、その場に崩れ落ちてしまいそうになりました。自分で考えていたよりもはるかに、鈴木が出場できないという事実が重く、彼の心の痛みが私自身の痛みとなって身体を駆け巡りました。

結局のところ、電話では何も伝えることができていません。言葉では伝えられなかった思いのわずかでもいいから届けたくて、私はその日のうちに携帯電話でメッセージを送りました。

「誠也、今年必ずメジャーで暴れまくるという決意のなか、ここまで準備し頑張ってきたと聞いていただけに、本当に悔しいと思います。ただこの状況で自分のことではなく、野球のため、応援してくれる人のため、これから日本野球を背負う子どもたちのため、人はどうしたらいいのかをはっきり示してくれました。本当にありがとうございました。そして、感謝しかありません。さらに様々な面で負担をかけてしまったこと、本当にすみません。ただ私は、一緒にグラウンドに立つことはできませんが、心のなかでともに戦い、私の勲章にさせてもらいます。しっかり治して大活躍のシーズンになることを信じています。

そしてご家族のみなさまに、ご負担をかけてすみませんとくれぐれもお伝えください。また会いに行きます。本当にありがとうございました」

メッセージを打ち終えると、安岡正篤《まさひろ》さんの高弟と言われた評論家の伊藤肇《はじめ》さんによる「本当に悔しいときは歯ぎしりばかりで、涙なんか出るものではない。こんな瞬間を経てきた人だけが本当の男である」との言葉を噛み締めました。鈴木が涙を流したのか、流さなかったのかは分からないけれど、言葉が出てこなかった彼には「歯ぎしりばかり」という表現が当てはまりました。

２月28日、鈴木の辞退が正式に決定しました。診断の結果は、ＷＢＣ出場へ踏み切るものではなかったのです。

この時点で侍ジャパンの外野手は５人で、彼はそのなかで唯一の右バッターです。長打力はもちろん右打ちの外野手としても、必要不可欠な選手のひとりでした。

侍ジャパンのために己と戦ってくれた鈴木は、「本当の男」です。彼の思いに応えるために、何としても結果を残さなければならないのです。

冷に耐え、苦に耐え、煩《はん》に耐え、閑《かん》に耐え、激せず、躁《さわ》がず、競わず、随《したが》わず、以て事を成すべし

ファイターズの監督1年目は、ダルがメジャーリーグへ移籍したタイミングでした。前年のシーズンに18勝をあげたエースがいなくなったことで、メディアのみなさんからは「ダルの18勝分をどうやって埋めるのですか」と何度も聞かれました。

18勝もあげた投手がいなくなったのは、もちろん痛手です。けれど、違う投手が10勝して、もうひとりが8勝したら、18勝を稼ぐことができます。エースがいなくなったことをピンチととらえるのではなく、違う選手が成長するチャンスだとすれば、知恵を働かせます。

理論物理学者でノーベル物理学賞を受賞したアルベルト・アインシュタインは、「困難の中に、機会がある」と話しました。イギリスの第63代首相ウィンストン・チャーチルは、「悲観論者は、チャンスの中に困難を見る。楽天家は、困難の中にチャンスを見出《みいだ》す」と言いました。

悲観的な思考と、楽観的な思考の違いは、どこにあるのでしょう。生まれながらの心の

持ちようが、違いにつながるのでしょうか。

私自身は、どこを見ているのかに違いがある、と考えます。

悲観論者は「これまでがうまくいかなかったから、これからもそうに違いない」という思考に陥りがちです。過去から未来を決めてしまっている。

楽天家は、「これまではうまくいかなかったけれど、いまこういう行動を起こして、これからはうまくやってみせる」と考えているのでは。いまの自分をしっかりと見つめることで、自分が望む未来に近づけている気がします。

誠也を欠くことは、侍ジャパンにとってピンチです。けれど、ピンチはチャンスでもあります。誰かが欠ければ、その代わりに違う誰かが台頭してくるのは、私たちプロ野球の世界でも、学校の部活動でも、会社組織でも、起こりうることです。

監督の私のバタつきは、選手に伝わります。毎日取材をしているメディアのみなさんにも伝わり、ファンにも広がっていく。

私たちの日常生活でも、「空気が伝染する」ことがあるでしょう。ひとつのミス、ひとつの思い違い、ひとつのうっかりをきっかけに組織が崩れたりするのは、「このままではまずい」という思いがみんなに広がって、結果的に緊張に身体が縛られてしまう、というケースが圧倒的に多いのです。

誠也の離脱という難局に立ち向かう私は、中国清代末期に曽国藩《そうこくはん》が残した「四耐四不訣《したいしふけつ》」をノートに書きました。「冷に耐え、苦に耐え、煩に耐え、閑に耐え、激せず、躁がず、競わず、随わず、以て事を成すべし」との教えです。

自分の感情を乱すものに耐えて、ときには受け入れもして、つねに冷静さを保ち、どんなときも慌てず、誰かと自分を比較せず、人の意見に引っ張られないようにする、と解釈します。

「四耐四不訣」とは人間としての軸となるもので、子どもでも、大人でも、胸に宿すことができます。8つの心構えのうちひとつかふたつでもいいので、実践してみると良いでしょう。心の明度が変わってきます。

タフでなければ生きていけない。優しくなければ、生きていく資格がない

宮崎キャンプを2月27日に打ち上げた侍ジャパンは、名古屋へ移動して調整を続けました。3月3日には中日ドラゴンズとの強化試合第1戦が行なわれ、その試合前に翔平とヌ

ートバーがチームに合流しました。

メジャーリーグのオープン戦に出場してからの合流なので、身体はある程度まで仕上がっているはずです。それでも、実際の動きを早く確認したいのが監督というものです。

翔平を最初に見た私は、「うん、大丈夫だ！」と感じました。表情にも身体にも、余分な力が入っていません。それでいて、充実感がにじんでいる。ここまで納得できる時間を過ごしてきたのだな、ということが分かりました。

ブルペンでの彼は、自分のペースで投球フォームやリリースポイント、身体のバランスなどを確認しています。全力で投げることは、ほとんどありません。マウンド上で見せるような周囲を圧倒する雰囲気はなく、ボールを受ける捕手は「大丈夫かな？」と思うかもしれません。それが彼なりの調整法であり、ＷＢＣでも自分のペースを崩さないところに、私は頼もしさを感じていました。

ピッチングと対照的なのはバッティングです。飛距離と打球のスピードは圧倒的で、侍ジャパンの選手たちも釘付けになっていました。

翔平のバッティング練習は、チームに闘争心のスイッチを入れてくれました。

優勝を争うアメリカには、メジャーリーグ各チームで主力を担っている選手が集結する。打者で言えば翔平クラスの選手が、ズラリと並ぶことになります。

「このレベルの選手たちの軍団に、オレたちは勝ち切らなければならないんだ」というスイッチが入り、選手たちは集中力を高め、さらに状態をあげていくぞ、との決意を深めた——私にはそう感じられました。

この日の試合は19時開始でしたが、16時の開門とともに観客席がどんどん埋まっていきました。翔平のバッティング練習は、そのなかで行なわれました。

外でのバッティング練習をあまりやらない翔平が、両チームの選手と観衆が見守るなかでバットを振る。練習の合間には、両手を上げてファンの拍手と歓声に応える。

侍ジャパンというチームで、どのように振る舞うべきなのか。自分の置かれている立場を明確に自覚し、その使命を果たしていく決意を、私は合流初日のバッティング練習で感じたのです。

その日の夜のノートには、フィリップ・マーロウの有名な台詞《せりふ》を書きました。アメリカの小説家・レイモンド・チャンドラーが描く私立探偵は、「タフでなければ生きていけない。優しくなければ、生きていく資格がない」を決め台詞のひとつにしています。

タフさとかハードさが強調されると、どこか近寄りがたい雰囲気が漂います。つねに完璧を求めてミスを許さない人間像が形作られ、人間としての温《ぬく》もりを感じにくくなりかねません。だからこそ、マーロウは「優しくなければ、生きていく資格がない」と言い添えたのではないでしょうか。

人間はひとりで生きていくことはできず、優しさを忘れないことで人とのつながりを持つことができる。それによって、自分の人生も豊かになる、ということなのでしょう。

合流初日から練習に参加するタフさと、ファンの声援に応える優しさを見せた翔平は、人間としての姿勢でも侍ジャパンに好影響を与えてくれるに違いない。そして、何が何でも勝つのだという強烈な意欲を、初日から感じることができました。

人間は一生のうちに逢うべき人には必ず逢える。しかも、一瞬早すぎず、一瞬遅すぎないときに

現代は多様性を認め合う社会です。昭和の時代に比べると、日常生活で外国人の方々に会う機会が、圧倒的に増えていると感じます。

侍ジャパンも多様な人材を生かすということで、アメリカ生まれのヌートバーを外野手のひとりに選出しました。

メジャーリーグの選手の招集は、所属チームの理解が大前提です。ヌートバーは22年か

らレギュラーをつかんだ選手で、実績十分とは言えません。そのため、所属するセントルイス・カージナルスはしっかりとした準備を経て開幕を迎えさせたい、との意向を持っていました。

カージナルスからは、ポール・ゴールドシュミットやノーラン・アレナドらの主軸選手が、アメリカの一員としてWBCに出場することになっていました。韓国、メキシコ、カナダ、イタリアなどにも選手を供給しており、WBCへの協力体制があるチームと言うことができました。

ヌートバーの出場についても拒みはしないものの、チーム側は「どのぐらいの打席数が確保できるのか」を気にしていました。シーズン前のキャンプを途中で離脱し、WBCであまり試合に出ないということになれば、メジャーリーグのシーズン開幕に影響が出てしまうからでしょう。

私の構想では「1番・中堅手」でしたが、当然のことながら調子によって起用法は変わります。チームには「WBCは勝負事なので、打席数を約束することはできません」と正直に伝え、納得してもらいました。

外国で生まれた選手を選出するのは、侍ジャパンにおいて前例のないことです。日本ではほとんど知られていない選手ですし、日本のプロ野球界にも優れた外野手は数多くいます。ヌートバーを選ぶべきかどうか、正直なところかなり迷いました。

自分自身の迷いの原因を探ると、選手の組合せや起用法などの戦略的な部分はもちろんですが、「日本の野球ファンに、果たして彼が受け入れられるだろうか」という気がかりに行き着きます。私自身が批判されるのはまったく恐れていなかったのですが、万が一にでもファンのみなさんの心が離れたら……という不安が、胸とのどのはざまに浮かんでいるのです。

ヌートバーとオンラインで話をすることになった私は、森信三先生の「人間は一生のうちに逢うべき人には必ず逢える。しかも、一瞬早すぎず、一瞬遅すぎないときに」との言葉を自覚しました。画面越しに対面すると、すぐに彼が逢うべき人で、時機に適《かな》った出逢いであると実感できました。彼なら日本のファンに受け入れられる、と確信できました。

今日の仕事中に名刺交換をしたあの人が、友だちに紹介されたあの人が、自分にとっての「逢うべき人」なのか。私自身も一つひとつの出会いを意識せずに、何となく対面していることが多い気がします。けれど、ささやかな出会いが人生に影響を及ぼすことがある、と聞きます。

千利休の高弟・山《やまの》上《うえ》宗《そう》二《じ》の『山上宗二記』に、有名な「一期一会」の言葉が記されています。日々の仕事でも、人との出会いでも、一生に一度の機会ととらえて心を注ぐという意味ですが、まさにそういった気持ちで出逢いに感謝し、自分の人生に役立てたいものです。

受け入れる側が心を開く

私自身が、日々心がけていることのひとつです。

宮崎キャンプの期間中に、コーチングスタッフと食事会を開きました。様々な話をしていくなかで、ヌートバーをスムーズにチームに溶け込ませたい、という話になりました。脇腹の痛みで出場を辞退することになった鈴木は、「ヌートバーの面倒を見てあげられないのが心残りです」と打ち明けていました。鈴木とヌートバーは、ナ・リーグ中地区のチームに所属しているので、多少なりとも接点があります。同じ外野手ということもあり、鈴木はヌートバーを気にかけてくれていたのです。

鈴木の心配りを我々が引き継ぎ、ヌートバーを誠心誠意受け入れる。受け入れる側の私たちが先入観を持たずに、心を開くことが大事だ、ということをコーチ同士で確認しました。

心を開いていることを、行動で示すにはどうしたらいいだろう。清水雅治外野守備・走塁コーチが、「ニックネームで呼びましょう、それもちゃん付けにしましょう」と提案しました。これは素晴らしいアイディアでした。アメリカで呼ばれている「ラーズ」ではなく、ミドルネームの「タツジ」から「たっちゃん」にしようということになりました。清水は17年から侍ジャパンに関わっていて、チームが素早くまとまるための術《すべ》を心得ていました。

3月3日の合流初日には、特製のTシャツを着て迎えました。ニックネームで呼ぼうと決めた夜に、すぐに製作に動いていたのです。

背中に「たっちゃん」と書いているもので、ヌートバー本人もその意味を聞いてびっくりしたそうです。「みんなが僕の名前の入ったTシャツを着てくれていたから、気持ちが楽になった」と、嬉しそうに話していました。

私が毛筆書きの手紙を渡したように、Tシャツの文字もあえて毛筆タッチにしました。日本人の私たちと心を重ねて、一緒に戦っていこうという気持ちを伝えたかったのです。

私たちの身の回りへ視線を移すと、コミュニケーションの取りかたが難しくなっていると感じます。ハラスメントにならないように気をつける場面が増えて、言葉をかけることに慎重になったり、臆してしまったりもします。

乱暴な言葉や態度で誰かを傷つけたりすることは、絶対に避けなければなりません。高圧的な態度にならないように、相手と目線を合わせることを意識したいものです。

そのうえで、自分の心を開いて、真正面から接していく。言葉が通じなくても気持ちは届くということを、私はヌートバーとの関わりを通して確認することができました。

練習に打ち込むヌートバーは、自分のルーティンをしっかりと持っていて、全体練習のなかで自分がやるべきことを消化していました。メジャーリーガーといってもまだ若く、これから経験を積んでいく選手ですが、「大丈夫だ！　やってくれる！」との印象を与えてくれたのです。

忠恕《ちゅうじょ》

中国春秋時代の思想家・孔子は、「自分は人生で貫き通してきたものがある。それは忠恕の二文字だ」と話しました。

「忠」とは自分の良心に真っ直ぐに従うことです。「恕」は他人の身の上を思いやり、自分のことのように親身になって思いやることです。

3月3、4日に名古屋でドラゴンズと試合をしたのち大阪へ移り、6日にタイガース、7日にバファローズとの強化試合に臨みました。

名古屋での強化試合では、ファンのみなさんの期待の大きさに触れることができました。バスで球場入りする際に、沿道がファンのみなさんで埋め尽くされていたのです。選手、監督、あるいは取材者として数多く球場入りを経験してきましたが、これほど歓迎されたことはありません。本当に多くの人たちが楽しみにしてくれていると実感しました。

同時に、移動が大変になるのでは、との懸念が生じました。しかし、名古屋から大阪への新幹線での移動は、駅員さんと警察のみなさんの連携で実にスムーズでした。一般とは違う動線へ誘導してもらい、混乱を引き起こすことなく移動できました。

名古屋駅の待合室に、ホワイトボードがありました。部屋を出るときに、私のよく知るサインが書かれていました。翔平です。

彼は茶目っ気のある人間で、ユーモラスな行動でみんなを和ませます。自分たちが安全に移動できるために、駅員さんと警察のみなさんが力を尽くしてくれている。彼らの頑張りを少しでも労《ねぎら》えたら、という気持ちだったのでしょう。それに加えて、駅員さんを驚かせたかったのかもしれません。いずれにしても、「忠恕」の心を育んでいるからこそできることです。

移動中はスーツを着用しますが、翔平は私服でした。ヌートバーの移動用スーツが間に合っていなかったので、翔平もスーツではなく私服を選んだのです。「たっちゃん」をチームに溶け込ませるための、彼なりの心配りでした。

ヌートバーを独りぼっちにしなかった翔平の行動は、心温まるものでした。「さすがだなあ」と感心させられましたが、決して特別なことではありません。相手の立場になって考えれば、気づくことができるものです。

気づいたら、行動へ移す。できるか、できないかではなく、やるか、やらないか。

会社の同僚や後輩が困っていたら、学校の友だちが悩んでいたら、相手の身になって考えてみましょう。あなたの行動が相手にとっての正解ではなくても、親身に考えた末の行動です。相手の心に明るい灯が点《とも》るでしょう。

夷険《いけん》一節《いっせつ》

3月5日に吉田が合流し、ついに全選手が揃いました。6日、7日にはメジャーリーガーも出場して最後の強化試合を消化し、8日に東京へ移動しました。9日にはいよいよWBCの1次ラウンドが開幕します。

私は最終的な戦略を練り上げていました。

1次ラウンドは4試合で、決勝ラウンドは3試合です。試合間隔を考えても、先発投手は4人で対応できます。ダル、翔平、山本由伸、佐々木朗希《ろうき》の4人としました。

勝ち上がっていくなかで「肝」になるのは、1次ラウンド2試合目の韓国戦と、負けたら終わりの決勝ラウンドの準々決勝と準決勝です。1次ラウンドは4試合で争うので、韓国戦を落としても2位で決勝ラウンドへ進むことはできます。

4人をどんな順番で投げさせても、問題はなかったでしょう。

吉井理人《まさと》投手コーチとは、将来メジャーリーグへ移籍するかもしれない山本と佐々木を、アメリカで行なわれる準決勝以降に投げさせたい、という話も出ました。将来につながる経験を積ませることは大事ですが、監督としては勝利からの逆算でローテーションを組み立てなければならない。

最後まで悩んだのは、「準々決勝で負けてはいけない」ということでした。アメリカをアメリカで倒して世界一を奪還すると言い続けてきましたが、アメリカへ辿り着かなければ夢物語で終わってしまう。そう考えると、日米で実績を積み重ねてきたダルと翔平に準々決勝で投げてもらうのがいい。

準々決勝を突破したら、準決勝は山本と佐々木に投げてもらう。そして決勝では、ダルと翔平に最後を締めてもらう。メジャーリーグの球団との交渉次第ですが、事前にそこまでのシナリオを書き上げていました。

投手起用を固めた夜、私は「夷険一節」の4文字をノートに記しました。

「夷」はたいらかで順調を、「険」は逆境を指します。

選手たちが力を発揮して勝利をつかんでも、チームを指揮する自分は過信したり得意になったりしない。逆に苦しい試合があっても、悲観せず、諦めず、工夫を凝らして最後まで戦い抜く。

状況に振り回されることなく、態度と姿勢が一貫していなければならないとの思いを、心に焼きつけました。

振り返れば私の人生は、逆境続きと言っていいものでした。アマチュア時代は目を引く成績を残せず、テスト生でヤクルトスワローズに入団を許されました。

ドラフトで指名されてきた選手との実力差に愕然《がくぜん》とし、コーチに励まされながら何とか1軍でプレーできるレベルに到達することができました。

ところが、プロ2年目からはメニエール病に襲われ、その後は発症と緩解を繰り返し、古傷の右肘の痛みも再発してしまいます。プロとしてのキャリアは、7年で幕を閉じることとなりました。

現役引退後はスポーツジャーナリストとして、野球を勉強しながら社会人としても学び直す日々を過ごしました。様々な場面でたくさんの人に手を差し伸べてもらい、現在も野球に関わることができています。

WBCの戦いには、これまでの人生が投影される。順境に驕らず、逆境に怯まずに突き進もうと、ノートに誓いました。

いよいよ、絶対に負けられない戦いが始まります。日本野球界の未来のために、侍ジャパンは「世界一奪還」を果たさなければならないのです。

第4章
WBC1次ラウンド
貫く

時を見落とすな。時を見逃すな。
困難に直面するのは当然で、
そんなときこそ大いに奮闘する。
一人ひとりの思いを重ね、
想定外を想定し、力強く、しなやかに。
闘志を燃やし続け、その姿を見せる。
洞察鋭く戦い、相手を見くびらず、
その1球に魂を込めて。

人はただひとりでは何もできない存在だ

3月9日、ＷＢＣ１次ラウンド初戦の中国戦が行なわれました。

試合前には日本と中国の国歌が演奏されました。

北海道日本ハムファイターズの監督だった当時も、試合前に国歌の演奏がありました。

私はその瞬間をとても大切にしていました。

ＷＢＣに挑む前に、サッカー日本代表の森保《もりやす》一《はじめ》監督と対談しました。サッカーの国際試合でも試合前に国歌演奏があり、森保監督は「国歌を聴くと自然と涙が出るんです」と言っていました。

国歌を聴く私の瞳も、じんわりと潤みました。

なぜ感情が昂ぶったのか、うまく説明することはできません。思い当たることがあるとしたら、自分の身体のなかで息づく遺伝子を感じた、とでも言えばいいでしょうか。私の家系で長きにわたって受け継がれてきたもの、私の家系だけでなく日本人が大切に受け継いできたものが、私の身体のなかで立ち上がってきたのでした。

いまこうして東京ドームに自分が立っているのも、日本という国ができて、その大地で人々が暮らし、子孫を繁栄させてきたからです。「生きている」のではなく「生かされている」と認識する私は、渋沢栄一さんの『論語と算盤』に書かれていた「人はただひとりでは何もできない存在だ」との一文を頭に浮かべました。渋沢さんはこう語ります。

「国家社会の助けがあって、初めて自分でも利益が上げられ、安全に生きていくことができる。もし国家社会がなかったら、誰も満足にこの世の中で生きていくことなど不可能だろう。これを思えば、富を手にすればするほど、社会から助けてもらっていることになる」

私がここにいるのは国家社会があり、そこに生きている人たちがいるからです。だとすれば、社会に恩返しをするのは当然なのです。野球を通して人のためになる、そのためにこのＷＢＣで全力を尽くす、と自分に言い聞かせました。

日本の国歌演奏では、東京ドーム全体がひとつになったと感じました。プロ野球チームの対戦では、半分ずつにファンが分かれますが、侍ジャパンは読売ジャイアンツのファンでも、阪神タイガースのファンでも、日本ハムファイターズのファンでも、応援することができる。我々の後ろには、たくさんのファンがついている。ひとりでは何もできないけれど、ひとりではないのだ、と思うことができました。

『論語』には「高い道徳を持った人間は、自分が立ちたいと思ったら、まず他人を立たせてやり、自分が手に入れたいと思ったら、まず人に得をさせてやる」という教えがあります。「高い道徳」と聞くと何だか緊張してしまいそうですが、日常の何気ないところで、「他人を立たせる、人に得をさせてやる」ことを意識すればいいのです。

部活動中に水分を摂るときに、我先にと慌てない。

仕事中に自分の用事を優先して、誰かを待たせない。

使ったものはあったところへきちんと戻す。

肩の力を抜いて、無理せずにできることからはじめてみましょう。

成功と失敗は、心を込めて努力した人の身体に残るカスのようなもの

ＷＢＣの初戦で対戦する中国は、新型コロナウイルス感染症の対策で長く世界と距離を置いてきました。中国から海外へ渡航することも、中国への入国も厳しく制限されていましたので、中国がどういう野球をしてくるのか、まったくと言っていいほどイメージがつ

きませんでした。

しかしながら、一般的な見方では侍ジャパンが有利です。

普通に戦えば勝てる相手ではありますが、実はそういう試合こそ難しいのです。勝って当然という雰囲気のなかで先制できず、こんなはずじゃないという焦りが生じてリズムを乱し、あれよ、あれよという間にリードされて負けてしまう、という試合を私自身も経験してきました。

情報がないだけに不気味な存在だったのですが、WBC前の強化試合をスカウティングすると、しっかりとした野球をしていました。与《くみ》しやすい相手ではありません。それゆえに、過度の緊張も弛緩もないなかで試合に臨める感触がありました。

1次ラウンドでは中国、韓国、チェコ、オーストラリアと対戦しますが、どのチームもラウンド突破を目標にしてくるでしょう。そのために、エース格の投手をどの相手にぶつけるのかを考えます。

相手の出かたに思いを巡らせると、様々な予想が渦巻いて考えがまとまりません。まずはとにかく、このWBCという大会で自分たちが力を発揮できるように、いい形で初戦に入っていくことに集中しよう——そんな思いに光を当ててくれたのが、渋沢栄一さんの『論語と算盤』に収められている「成功と失敗は、心を込めて努力した人の身体に残るカスのようなもの」というフレーズでした。

「人は自分がなすべきことを基準として、自分の人生の道筋を決めていくのが大事で、成功や失敗は問題外である。結果に対して失望したり、悲観したりしなくていい」と、渋沢さんは言います。

私自身はとにかく誠実に、ひたすらに努力をして、自分の目を開いていくことに努めてきました。それで成功したら、知恵をうまく生かすことができたと理解する。失敗したら、自分の智力が及ばなかったと諦める。成功しても、失敗しても、勉強を続けていけばいつかまた幸運がめぐってくる、と。

自分の日々の行動に置き換えると、「さあ、いくぞ」が大事なのでしょう。

これからどういう結果が待ち受けているのかを考えると、不安が頭をもたげたりします。けれど、できる限りの準備をして、これから勝負ができる幸せ、高揚感を味わったら、たとえ失敗してもまた勝負に挑めると思うのです。

私たちの人生には、重要な局面があります。進学するための受験や就職試験はもちろんですが、この仕事を成功させたら昇進できるとか、この試合に勝ったら全国大会に出られる、といった勝負の場面です。

成功するか、失敗するかにとらわれることなく、自分が為すべきことを達成するために頑張る。「さあ、いくぞ」と、心を奮い立たせて出かけましょう。

順境は人を殺し、逆境は人を活かす。そして耐えるたびに少しずつ人生が見えてくる

3月9日19時、中国戦が始まりました。1回表は中国の攻撃なので、侍ジャパンの選手たちが守備に向かいます。いち早くグラウンドへ向かったのは、先発投手の大谷翔平でした。

自分にとっても特別な試合が始まる。絶対に勝ち切るんだ、という思いが発散されているようでした。

あるいは、調整の意味合いもあったかもしれません。日本のプロ野球では、イニング間の投球練習は球数が決まっていますが、WBCでは制限がないのです。

翔平のブルペンでの投球について、吉井理人投手コーチからは「監督、ブルペンでは1球もストライクが入ってないですからね」と聞いていました。WBCがなければシーズン開幕前の時期ですから、状態がそこまで上がっていないということなのでしょうが、それ

でもマウンド上で何とかする投球の幅は、ファイターズでプレーしていた当時より格段に上がっています。

初戦ですからとにかく勝つことが求められますが、勝ちかたも重要です。2戦目以降につながる大きな流れを作りたい。翔平はそこまで理解してくれていました。

先頭打者を三振に打ち取ると、後続も内野ゴロに打ち取って3者凡退で1回を終えます。軸になるボールを探しながらのスタートで、球速は出ているもののコントロールはまだ定まっていない。そのなかで、スライダー系のボールをうまく使った立ち上がりでした。

続く1回裏の攻撃で、先頭打者のヌートバーが初球をセンターへ打ち返しました。

これからの日本野球のために必要な選手として、アメリカを倒すための戦力として、私はヌートバーを侍ジャパンに招集しました。彼も意気に感じてくれていましたが、相当なプレッシャーを受けていたのは間違いありません。そして、彼に対する評価は、試合開始前の時点ではまだあいまいなものだったでしょう。

いきなりの中前打は、彼自身と周囲の心を覆うもやもやを、吹き飛ばすものでした。しかも、センターへライナーで打ち返し、全力疾走してセカンドを狙うオーバーランは、日本人の野球観に響いたでしょう。最初の打席で、彼は多くのファンの心をわしづかみにしたのでした。

私自身も、心のなかで安堵のため息をつきました。

日本のプロ野球にやってきた外国人選手は、日本の野球に対応するのに時間を要します。短期決戦のWBCでは、状態が上がらない可能性も想定しなければなりません。

この安打で、ヌートバーは乗っていける。私にとっても嬉しい1本だったのです。

そこから三者連続で四球を選び、押し出しで1点を先制しました。

大量得点で一気に試合の流れをつかみ、多くの選手が出場できる状況へ持っていき、明日の韓国戦に向かいたい——そんな思いがちらつきました。

5番の吉田正尚が内野フライに終わり、6番の岡本和真がライトフライを放ちます。犠牲フライになるかと思いましたが、3塁走者の近藤健介はライトからの返球に刺され、ダブルプレーとなってしまいました。

初回に1点を先行したというのに、ベンチには「もっと点が取れたのに」という空気が流れました。そこから4回表までは、日本も、中国も「0」が並びます。スコアは動きません。

このまま1対0で進んで、事故のような形で失点して負けてしまう。ファイターズの監督当時に、そんな試合を経験してきました。力関係がはっきりしている対戦では、勝たなければいけない側がプレッシャーを感じるものです。プレッシャーは焦りを呼び込み、プレーの精度が落ちたり、ミスを呼んだりします。

自分たちから崩れてはいけない。勝負の世界に「絶対」はないのだから、全力で戦わなければならない。その姿を示してくれたのは翔平でした。

メジャーリーグのチームで中心選手として戦っている彼からすれば、中国の打線は格下と言っていいでしょう。それでも、全力で魂を込めて1球ずつ投じていきます。

「順境は人を殺し、逆境は人を活かす。そして耐えるたびに少しずつ人生が見えてくる」

この一文は、伊藤肇さんの『リーダーの帝王学Ⅱ』に書かれています。

中国戦の序盤は、まさに逆境でした。リードしているのに落ち着かない。けれど、この逆境に耐えることで、チームとしても個人としても成長できるはずだ、と心のなかで繰り返し呟いていました。

想定外を想定する

1対0のまま迎えた4回裏、一死のあとヌートバーが内野安打で出塁し、近藤のライトへの安打で1アウト1、3塁とします。次打者の翔平はレフトフェンス直撃のタイムリー2塁打を放ち、2点を追加することができました。

ヘッドスライディングでホームインした近藤の表情には、喜び勇む感情ではなく、恐ろしいほどの険しさが貼りついていました。彼とはファイターズで一緒に野球をしてきましたが、同じような場面でかくも緊張した表情は見たことがありません。WBCという舞台で勝ち切ることの難しさを、私自身も身体で感じた瞬間でした。

5回表から翔平に代えて戸郷翔征《とごうしょうせい》をマウンドに送り出します。5回は3者三振に打ち取りますが、6回2アウトから一発を浴びて3対1となりました。

戸郷はいいボールを投げていました。ただ、所属チームでは先発なので、試合の途中から肩を作る難しさを感じているようでした。とくにウォームアップのなかで遠投などを大切にする投手は、試合が始まるとそれができません。試合が進みながら、問題や課題が見えていきました。

7回には牧秀悟のソロ本塁打で再び3点差とし、8回は先頭打者の翔平の安打をきっかけに、打線がつながっていきます。四球で溜まったランナーを安打で返し、4点を取ることができました。これで8対1です。9回表の中国の攻撃は、4人目の投手となる伊藤大海《ひろみ》が3人で終わらせ、そのまま勝利することができました。

試合後のインタビューで、私は「国際大会は思ったようにいかない、という試合を観てきましたが、本当に難しい試合でした」と振り返りました。最終的には大勝となりましたが、9回表の中国の攻撃が終わるまでは、ほんの一瞬も気を抜くことができませんでした。「難しい試合」というのは、偽らざる心境だったのです。

一戦必勝の戦いに挑むにあたって、私は高校や大学、社会人野球の監督のみなさんにお話を聞きました。社会人野球の東京ガスを日本一へ導いた山口太輔さんが、「相手を分析して想定外がないように。こういうふうになったらこうする、という答えを持って試合に臨んでいます」と話してくれました。身体に染み込ませるべき言葉なのですが、中国は事前の情報が十分ではありませんでした。分析しきれないところもありましたが、なかなか点が取れない展開も想定していました。

「想定外を想定する」ことの重要性は、ビジネスシーンでも広く認識されています。予期せぬ自然災害が増えていることから、日常の備えとしても「想定外を想定しておく」ことは大切でしょう。

まさかこんなことになるとは思わなかった、というのが想定外です。「まさか」とならないために、あらかじめ想像力を働かせる。私自身は自分が専門的に扱っていたり、学んでいたりする分野だけでなく、どちらかと言えば関心の薄いところへ、しっかりと光を当てることを意識しています。

「まさか」に見舞われないためにも、想像力の枠を広げることを意識する。「これは大丈夫だろう」と切り捨てることなく、あらかじめ備えておきたいものです。

根本眼目《こんぽんがんもく》

中国戦の8回に、ヌートバーが打席で足を気にする素ぶりを見せました。気になった私は、通訳の水原一平とともにベンチを出て、ヌートバーのところへ向かいました。

この試合の彼は、初回の全力疾走にはじまり、3回にはセンターへの浅いフライをスライディングでキャッチしました。打撃も守備も全力プレーで、チームを盛り立ててくれました。

いざWBCに突入したら、選手たちは初戦から出力全開でプレーする。力を出し惜しみするはずはないので、コーチ陣には「宮崎キャンプで選手たちの出力を一度上げてくれ」とお願いをしていました。そうしないと故障をしたり、疲労が抜けなかったりするリスクがあるからです。

ヌートバーは宮崎キャンプに参加していないので、どれぐらい負荷のかかる練習を積んできたのかが把握しきれていません。果たして、8回の打席で足がけいれんしてしまったので、交代を勧めたのです。

ところが、大丈夫だ、と言って聞きません。とりあえず打席には立たせて、四球を選んだので代走を出しました。

けいれんを起こしたのはふくらはぎでした。もう一度けいれんが起きたら、肉離れを引き起こしてしまう恐れがあります。私自身もふくらはぎの肉離れは経験があり、引退に追い込まれた一因にもなりました。

ここで発症させたら、WBCはもちろん大会後のメジャーリーグのシーズンにも支障をきたす。次の韓国戦は休ませたほうがいいと考え、通訳の一平にヌートバー自身の感触を探ってもらいました。

ヌートバーの反応は、予想外のものでした。休むなんて何をバカなことを、というぐらいの剣幕だと言うのです。韓国にはカージナルスのチームメイトのトミー・エドマンがいます。エドマンと勝負をするためにもここに来ているのに、韓国戦に出なかったら、自分は何のために日本に来たんだ、というのがヌートバーの言い分でした。もちろん、侍ジャパンの力になりたいという思いも大きい。

私はカージナルスに問い合せをしました。あちらのトレーナーと侍ジャパンのトレーナーで話をしてもらい、ヌートバーの状態を共有したうえで、「本人がいけると言うのなら、使ってもいい」という回答を得ました。

ここから先は、私の判断です。

韓国は1次ラウンド最大のライバルです。負けても2位で準々決勝へ進むことはできますが、私たちは7戦全勝で世界一になることを目ざしています。そのためには、リードオフマン（1番打者）としてのヌートバーは欠かせません。

一方で、無理をさせたらケガのリスクが高まる。

答えに迷うものに対して決断を下すのが、監督の仕事です。私はヌートバーを出場させることにしました。強制的に彼を休ませたら、行き場を失ったモチベーションが変質してしまうかもしれない。それだけでなく、萎《しぼ》んでしまうかもしれない。彼の一生懸命さに懸けてみようということで、中国戦同様に「1番・中堅手」でスタメンに指名しました。

ヌートバーを送り出す私は、結果についての責任はすべて自分が取ると改めて決意し、森信三先生の「根本眼目」に対する教えを心のなかで詠んでいました。

私たちの本質的な目標は、WBCで世界一を奪還することです。その目標へ邁進《まいしん》している選手を信じて支えることが、私自身がもっとも重きを置くべきものです。つまりは根本眼目です。

部下を持つ上司なら、「この仕事を彼（彼女）に任せるのは、まだ少し早いかもしれない」と思う場面があるでしょう。スポーツのチームを率いる指導者なら、「この選手を使うのは、もう少し先のほうがいいかもしれない」と悩む場面があるのでは。子どもから何かをやりたいとせがまれた親なら、「まだちょっと危ないな」と心配する場面があるでしょう。

失敗をしてほしくない。自信を失ってほしくない。ケガなどをしてほしくない。相手を思う深さが慎重な判断につながるのですが、同時に、相手を信じることも忘れたくありません。「できる」とか「やりたい」という相手の気持ちを尊重して、何があっても動じない気持ちを育てておきたいのです。

怒りを遷《うつ》さず、過《あやま》ちを弐《ふた》たびせず

韓国と対戦するにあたって、3月6日のオリックス・バファローズ戦、翌7日の阪神タイガース戦、それに彼らにとっての開幕戦となった9日のオーストラリア戦をチェックしました。私自身、22年10月に韓国へ足を運び、韓国KBOリーグを視察しています。また、夏にアメリカのサンディエゴへ行った際には、同地に本拠地を置くパドレスのキム・ハソン選手のプレーも確認しました。

様々な情報を並べると、攻撃陣はほぼ想定していたとおりで、点を取る形を持っています。キム・ハソンや、ヌートバーの同僚のエドマンを加えて強化をはかっていますが、ベンチスタートで途中から出てくる選手の状態がいい、と感じました。

他方、投手陣を見ると、08年の北京オリンピックや09年のWBCに出場している34歳のキム・グァンヒョンが、我々との試合に先発してくることが予想されていました。チームに勢いをもたらすような次世代の若手投手は少なく、我々としてはそこがチャンスになります。ただ、韓国国内での投手陣への評価は低いものでなく、短いイニングを任せられる投手が揃い、継投策で勝ちへ持っていけると言われていました。リードされて後半に入ることは、避けなければなりません。

ちなみに、韓国はエース候補のアン・ウジンを欠いていました。22年シーズンに最優秀防御率と最多奪三振をマークした23歳は、若くて勢いのある投手です。ところが、高校時代にチームメイトをいじめたと告発されたことが原因で、ＷＢＣのメンバーには選出されなかったと聞きました。

私が韓国へ視察に訪れた際も「アン・ウジンのことを知っていますか？」と聞かれました。それぐらい才能のある選手なのでしょう。

10代や20代のころには、失敗がつきものです。ときには誰かを傷つけたり、間違ったことをしたりするかもしれない。けれど、自分が犯した過ちを認めて素直に反省したら、やり直すチャンスが与えられてもいいのではないでしょうか。

『論語』に「怒りを遷さず、過ちを弐たびせず」とあります。腹を立てて感情的な行動に走らない、同じ過ちを繰り返さないように、ということです。もう少し解釈を拡大してみると、一度の過ちは誰にでもあり、大切なのは繰り返さないことだ、となります。

アン・ウジンが出場していたら、大きな壁として日本に立ちはだかったかもしれません。力のあるものが、真正面から正々堂々とぶつかり合う。それこそが世界一を決めるＷＢＣ

にふさわしいでしょう。

なぜ彼が選ばれなかったのか、その本当の理由は私には分かりません。ただ、世界の野球界が大きな分岐点に差し掛かっているからこそ、大局的な視点に立った判断が求められていくと思うのです。

時用《じよう》

ＷＢＣの韓国戦は、つねに死闘が繰り広げられてきました。今回も間違いなく、この試合が大きな意味を持ちます。

そのため、早い段階から先発はダルビッシュ有と決めていました。

試合前練習を終えると、いつもとは違う感覚に包まれました。試合が近づくころには、身体がふわふわとしていきます。

実はこの試合の前に、岸田文雄内閣総理大臣の始球式がありました。捕手としてボールを受けるのは私です。「総理のボールを後ろに逸らしてはいけない」と必死になっていると、それまでのふわふわとした感じが抜けていきます。身体も、気持ちもほぐれたのです。責任重大の始球式が、私にとっては意味を持っていたのです。

初戦の中国戦は、ミーティングで短い話をしてからスタメンを発表しました。この韓国戦では、試合前に選手に声をかけませんでした。

遊撃手で先発する源田壮亮《げんだそうすけ》に、「げんちゃん、韓国戦ということでの意識はある？」と聞いてみました。彼は国際大会で韓国と対戦した経験があります。

「周りはそういうふうに言うんですけど、やっている僕たちは普通に、自然にやっている感じがするんです」

そうだよな。私が何か言うまでもなく、選手たちはこの試合の重要性を理解している。そこへさらに、何か重いものを覆いかぶせなくてもいいだろうと判断したのです。

もちろん、1次ラウンドの「肝」になる試合です。この韓国戦を取ればチームは落ち着くので、私自身は大事な試合になると考えていました。

前夜と同じ19時に、因縁の対決が始まりました。

先発のダルは、初回を3人で打ち取りました。試合前から緊張感を高めていましたが、シーズン初めてと言っていい登板で、しっかりとした立ち上がりを見せたのはさすがでした。

韓国の先発は、左腕のキム・グァンヒョンです。我々侍ジャパンは、1番ヌートバー、2番近藤、3番翔平、4番村上宗隆、5番吉田正尚と、上位打線に左打者が並びます。左右のバランスがとれていることが理想かもしれませんが、これだけの選手たちです。相手が左投手でも打線をいじる必要はありません。

ヌートバーや村上は、対左投手のほうが高い打率を残しているぐらいです。韓国に限らず左投手をぶつけてくる国が多いでしょうが、我々は打ち崩していくだけです。

初回は三者凡退に終わり、2回表の韓国の攻撃も3人で打ち取ります。2回裏は一死から吉田が内野安打で出塁し、内野手の悪送球で2塁へ進みました。先制機をつかみますが、後続が打ち取られました。キム・グァンヒョンもさすがは経験豊富で、非常に状態はいいようです。

我慢比べだなと思った矢先、スコアが動きました。3回表、ダルが先頭打者に2塁打を許します。次打者は初球でバントを試みました。これはファウルになりましたが、何としても走者を進めたいという意図がうかがえます。

こういう場面を、どうしのぐか――そう思った瞬間、快音が響きました。レフトスタンドにボールが消えます。

取材者の立場だった当時、星野仙一さんに本塁打で失点した直後の心境を聞いたことがあります。選手としても監督としてもその名を馳せた星野さんの答えが、いまでも忘れられません。

「本塁打を打たれた瞬間に、一番頭が真っ白になるのは誰やと思う？　実はオレなんや。本塁打だけはやめてくれという場面で、手痛い一発を浴びた瞬間、打たれた投手以上に自分が打たれた感覚になるんや」

自分が監督になると、星野さんの言いたいことが痛いほど実感できました。ここはしのいでほしいという場面で本塁打を打たれると、ほんの一瞬で全身が汗まみれになります。思考が止まっているのです。

この場面は、少し違いました。思考が止まらないように冷静さを保とうとしていると、「ダルが打たれたのは、すべて悪いことではないかもしれない」という思いが、足元からゆっくりとせり上がってきました。

『易経』に「時用」という教えがあります。あえて用いたくない剣難《けんなん》の「時」を「用いる」ことで、逆境を教訓としてその後に生かしなさい、というものです。人生の急所を突く寸言でしょう。

2点を許したダル本人は、悔しさいっぱいだったはずです。けれど、我々の投手陣の絶対的支柱の彼が打たれたことで、若い投手陣が「ダルさんでも打たれることはあるんだ。

それがWBCという舞台なんだ」と受け止めて、緊張感を振り払ってくれたら、このホームランはプラスに働くかもしれない。いや、私自身がプラスに持っていくのだと、素早く心にメモしました。

心焉《こころここ》に在《あ》らざれば、視《み》れども見えず

ダルは続く打者2人を抑え、2アウトとします。5人目の打者もサードゴロに打ち取りますが、村上の送球が乱れて打者は2塁まで進みました。その後、ライトへのタイムリー安打を打たれ、3点目を献上しました。

こういう拮抗した試合では、本塁打、四球、失策、盗塁などが得点に絡み、勝敗に大きな影響を及ぼしてきます。エラー絡みの3失点目は重い。

私自身は想定外を想定していましたので、追いかける展開も用意していました。

ばたつくな、ばたつくな、ここからだぞ、と自分に言い聞かせます。

まずは1点取る。1対3にすれば、2点本塁打で追いつけます。まず1点取りにいく。

一気にいくのではなく、1点ずつ取りにいく。

次の3回裏、先頭の源田が8球目で四球を選ぶ。粘りに粘って出塁しました。左腕のキム・グァンヒョンが投手ですが、クイックはうまくありません。

3点差ですから走者を溜めるのがセオリーですが、失点した直後に何とか1点だけでも取りたい。源田には狙えたら走っていいと伝え、じっくり間合いをはかりながら見事に盗塁を決めてくれました。打者の中村悠平が四球を選び、無死1、2塁で1番のヌートバーに回ってきます。

さあ、ここからだ。ベンチの士気が高まります。スタンドも熱を帯びて、韓国にプレッシャーをかけてくれている……と、ここで重大なアクシデントに襲われます。

2塁への牽制球で頭から帰塁した源田が、タイムをかけてベンチに戻ってきました。どこかを痛めたのか。相手選手と激しく交錯したようには見えなかったのですが……。源田と一緒にベンチ裏へ下がった城石憲之内野守備・走塁兼作戦コーチの声は、焦りと動揺に染まっていました。

「監督、ベース付近で交錯して指が曲がっています。無理だと思います」

源田は「ランナーだけはいきます」と言って、2塁へ戻りました。

侍ジャパンのメンバーを選考するにあたって、最初に決めた選手が2人いました。そのひとりが、源田でした。投手力で勝ち切る試合を目ざすうえで、遊撃手として守りの要《かなめ》になってくれる彼は、絶対に外せない存在でした。

何があっても慌てないことを自分に課していましたが、さすがに源田を欠くことになったら……。しかし、大事な韓国戦の試合中です。いまはこれ以上考えるのはやめよう。目の前の状況判断を、間違いのないように下していこう、と自分を正しました。

ここからの攻撃は見事でした。ヌートバーのタイムリー、近藤のタイムリー2塁打が飛び出し、吉田もタイムリーを放って4対3とスコアを引っ繰り返しました。

前日の初回のヒットに続いて、ヌートバーが今日も大きな仕事をしてくれました。そして、チーム全体が「ここまでチームを引っ張ってきてくれたダルさんを、負け投手にするわけにはいかない」という思いでまとまり、集中力を高めて相手投手に向かっていってくれました。

4回表には投手を交代し、今永昇太を送り出しました。所属する横浜DeNAベイスターズでは先発を任されていますから、4対3の4回からの登板は難しかったはずです。少しばかりの緊張を感じさせつつも、3者凡退に抑えました。5回は2アウト2、3塁になりながら、無失点で切り抜けました。その前の1アウト1塁の場面では、前日に続いてヌートバーが魂のダイビングキャッチを見せました。

投手が長打を許さず、固い守りで相手に付けいるスキを与えない。私がイメージした「投手で勝つ」野球を、鮮やかに具現化してくれたイニングでした。

その裏には近藤の本塁打などで2点を追加し、6回には打者9人の猛攻で5点取りました。これで11対4となり、試合を決めることができました。

最終的には13対4の大勝となり、連勝を飾ります。

試合を終えて宿泊先のホテルへ戻ると、源田の診断結果が届きました。4回表の守備から交代した彼は、そのまま病院へ行っていました。

診断の結果は右手小指の骨折でした。ホテルの部屋の静寂が重苦しく、身体に圧力を与えてくるかのようです。息を吐いて呼吸を整えても、気持ちは軽くなりません。

城石コーチから電話がかかってきました。

「げんちゃんと話しました。本当に悔しそうです。ただ、指のケガはこれまでもあり、曲がったりしたこともあったので、自分の感覚としては絶対にできます、と言っています」

城石コーチの見立てでも、「折れた場所から判断すると、できる可能性は十分にあります」とのことでした。「げんちゃんにやらせてあげてください」という彼の思いが、スマートフォンを介してもはっきりと伝わってきます。

彼とはファイターズでも一緒に仕事をして、試合中もずっと横についてくれているので、私という人間を誰よりも理解してくれている存在です。私に何を言ったらいいのか、何を言わないほうがいいのか分かっている彼が、「げんちゃんを残しましょう」と言おうとしている。口には出さなくても、そうやって思っていることが分かります。選手思いで情熱の塊の城石コーチは、源田の闘志に心を動かされていたのでした。

岸マネジャーも同じ思いでした。私に電話をかけてきて、「監督、げんちゃんは絶対大丈夫ですから」と言いました。

私も指を骨折した経験があります。高校時代にヘッドスライディングで指がベースに引っかかり、親指の第1関節が横に曲がってしまったのです。チームのエースだった私は、それでも投げていました。

もちろん、甲子園にも出場できなかった自分と、日本球界の宝と言っていい源田を、同列に考えることはできません。ただ、骨折したのは小指なので、ボールを握ることについては何とかなる。バッティングも左打者なので、右手の小指がうまく使えなくてもスイングはできる。

翌日、源田が所属するライオンズの渡辺久信《ひさのぶ》ゼネラルマネジャー、同チームのトレーナーと話しました。2人とも「げんちゃんには全幅の信頼を置いているので、彼の思いどおりにやらせてあげてください」とのことでした。

源田のこれまでの生きざまは、周りの人たちが絶対的な信頼を寄せるものなのでしょう。そのことにまず、私は感動しました。真摯《しんし》に野球と向き合う彼の姿勢は、掛け値なしに素晴らしいと思いました。

主力選手の骨折というアクシデントに心がちりぢりに乱れたら、現実を直視しているつもりでも真実が見えません。『四書五経』の『大学』に収められている「心焉に在らざれば、視れども見えず」の精神にならい、心を落ち着かせて、整えて、しっかりとした結論を導き出す。本人としっかり話をして決めよう。

ここで自分が下す判断は、侍ジャパンの行方を大きく左右するのは確かでした。

ふたり心を同じくすれば、その利《するど》きこと金を断つ

1次ラウンド3試合目となる3月11日のチェコ戦は、ショートに中野拓夢を起用しました。源田の最終的な診断結果は届いていて、全治3か月とのことでした。

試合前の練習で、源田を注意深く観察しました。キャッチボールやティー打撃を見るか

ぎり、できるかもしれないなと感じました。

練習後、2人で話をしました。

「げんちゃん、痛みはどう？」

「あっ、大丈夫です」

「いや、痛みとかはどう？　昨晩は眠れた？」

「痛みはまったくなかったです」

「動くと痛いとか、ジンジンするとかはない？」

「本当に、まったく痛みはないんです。ライオンズとも、トレーナーとも話をしましたが、大丈夫です。いけます！」

私が何を聞いても、源田は「大丈夫です」としか答えません。このままプレーした場合のリスクを10個並べても、彼はそのたびに「大丈夫です」と言うに違いない。気持ちがすれ違っているわけではないけれど、話がなかなか前へ進んでいきません。

私はもう一度、聞きました。

「大丈夫、というのは分かった。それは分かったけれど、本当にどう思っているの？」

「このままプレーを続けても、骨が曲がって選手として何か問題になるとか、後遺症が残るとかはないんです。今日の試合もいけます」

源田に伝えるべき言葉を、私はすでに出し尽くしていました。彼は「侍ジャパンのために、何とかプレーしたいんです。力を尽くしたいんです」と、私の目を真っ直ぐに見つめて言いました。私はどうにか言葉をつなぎます。

「ただ、球団にとって大切な選手をお預かりしている立場として、骨折している選手をプレーさせることが、ライオンズにとって、げんちゃんにとって、正しいことなのかを考えないといけないんだ」

私の言葉に頷きながら、それでも源田は自分の思いをぶつけてきます。荒々しい口調ではないのですが、真っ直ぐな言葉はものすごい熱量を持っていて、後ずさりしてしまうような迫力があります。

「正直に言えば、いまここでライオンズに帰っても、1か月は何もできないし、オープン戦にも出られません。だったら、このままやらせてもらえませんか。身体は問題なく動きますので」

選手の将来をきちんと考えて、正しい決断を下さなければならない。そのことを頭の先からつま先まで行きわたらせたうえで、私は源田壮亮という選手をここでもう一度冷静に評価してみました。

こんな選手になりたかった。

こんな選手を育ててみたかった。

野球人としての自分の「芯」と、源田の言葉が鮮やかに共鳴するのです。私は思わず聞きました。

「げんちゃん、オレはファイターズの監督をやった10年間、キミみたいな選手を作りたかった。そういう思いのある選手を作りたかった。でも、作れなかった。げんちゃんはどうしてそんなに強いの？」と聞いた瞬間でした。源田の感情の鎖がほどけました。涙が溢れ出てきたのです。

「監督、僕はこれまでも侍ジャパンに選ばれてきて、金メダルを獲った東京オリンピックもメンバーに入りましたけど、試合にはほとんど出ていないんです。だから今回は絶対に試合に出て、勝ち切るんだって決めて、そこに懸けてきたんです。どんな役割でもやります。このWBCで、野球がしたいんです」

一点の曇りもない思いに触れた私は、森信三先生が説く「野心と志を区別せよ」との指針に立ち返っていました。

私が生きるスポーツの世界では、大きな望みを抱く、新しいものに取り組むという意味で、「野心的である」ことは前向きな姿勢と受け止められることが多い。その点については私も支持しますが、自己顕示欲が根本動機になってはいけないぞ、という戒めを忘れないようにしています。

源田が私にぶつけてきた思いは、野心ではなく「志」です。日本の野球に尽くしたいという信念に、私の魂は激しく揺り動かされました。

そして、『易経』に収められている「ふたり心を同じくすれば、その利きこと金を断つ」との教えを心に刻印します。私と源田が心を合わせれば、硬い金属でも断ち切るような威力を発揮する――情にほだされたのではなく、彼ならやり切れる。彼を信じて全力で支える。心の影をすべて追い払いました。

「よし、分かった。オレはげんちゃんがケガをしていることを頭から締め出す！」と言って、源田を抱きしめました。

他人の中傷に対して、どこまで弁解せずにおられるか、これを試してみるのも人間修練の一方法だ

源田をチームに帯同させることに決めましたが、少なくとも数試合はスタメン起用を見送り、状態を見ていくことにしました。並行して、彼抜きで戦うための準備を進めていき

ます。

11日のチェコ戦は、中野を遊撃手で起用しました。内外野をユーティリティーにこなす牧原大成《たいせい》、同じく複数の守備位置での起用が見込める周東佑京にも、遊撃手での出場に備えてもらいます。

遊撃手というポジションは、すべての守りの起点です。本職としていない選手には、どこよりも難しいと言ってもいいでしょう。WBCのようなハイレベルかつ過緊張のなかでの戦いでは、ひとかけらほどの不安を相手に突かれ、試合を大きく動かされたりもします。「このポジションもできるから、やってもらおう」などという姿勢では臨めないし、臨んではいけないのですが、源田の離脱という緊急事態を全員でカバーしようと、中野も、牧原も、周東も、必死に準備をしてくれていました。

宮崎キャンプから内野手の中心としてチームを引っ張ってくれた源田の献身性と、骨折してもチームに残るという魂に、私だけでなくチーム全員が共鳴していたのです。

源田を欠くことは痛い。けれど、彼の負傷を奇貨として、またひとつチームが先に進んだと感じました。

私自身はビジネス書からノートに書き出した言葉を思い返し、これからの日々は「人間修練の一場面になる」との覚悟を固めていました。

骨折をしている源田をチームに残すことについては、否定的な意見が出てくることが予想されます。「それが勝つための最善の策なのか？　さらに悪化したらどうするんだ」と迫られたら、すぐには返答できないかもしれません。言葉は用意していても、それを口にすることにためらいが生じる可能性はあります。

それでも、残すと決めた時点で、迷いは振り払いました。怖《お》じてもいません。何を言われても弁解しない。自分自身を鍛え上げる機会をいただいたとして、批判や批難と対峙していきます。

私たちの日常では、弁解をしたくなる場面がたびたび巡ってきます。誰かと意見が食い違ったり、間違いを指摘されたりしたときはもちろんですが、道を歩いていても、電車やバスに乗っていても、会社や学校に居ても、誰かと交わるたびに感情の針が揺れて、自分を正当化してしまうことがあります。自分の気持ちを伝えるための弁解が自分勝手な言い訳になったり、相手への怒りや不満に変質してしまったりすることもあります。

自分が正しいことをしているのなら、きちんと主張していいでしょう。ただ、自分では違うと思ったことすべてに弁解しようとすると、大変な労力を要します。隠忍自重《いんにんじちょう》の心持ちで、言い返すのではなくじっと我慢する。

そのほうが、実は精神的なストレスを感じないこともあるのです。

無用の用

チェコ戦の先発投手は、佐々木朗希です。ダル、翔平、山本由伸、それに佐々木の4人に先発を任せると決め、そこから中国戦は翔平、韓国戦はダル、チェコ戦は朗希、と決まりました。

試合スケジュールを改めて確認すると、チェコ戦は3月11日に行なわれます。いまから12年前の2011年、東日本大震災に見舞われたあの日です。

被災した方々のことを思うと、自分自身の無力さを痛感させられます。何もできなくて本当にごめんなさい、何もできなくて本当にすみません、とお伝えしたいけれど、そんな言葉にどれほどの意味があるのか……。

そもそも、被災した方々全員にお伝えすることなど、できるはずもありません。震災が発生した直後は、考えれば考えるほど頭のなかの空洞が広がっていくような気がしました。

ファイターズの監督を引き受けた12年からは、野球を通してほんの少しでも元気や勇気を届けたい、と考えてきました。18年9月には、私自身も北海道胆振東部地震を経験しました。日常のありがたみを、身をもって感じました。

地震で大変な目に遭った方々に対して、野球ができることはあるだろうか。できることがあるとしたら、それは何だろう。

私たちが全力でプレーすることで、ほんの一瞬でもいいから被災した苦しみを忘れて、笑顔になってもらえるかもしれない。そんなことを考えながら監督を務めてきて、3月11日の発災当日に初めて公式戦を戦うことになりました。

私たち日本人に特別な感情を呼び覚ますその日に、被災地の岩手県陸前高田市で生まれた佐々木が登板する。お父さんと祖父母を亡くし、実家が津波の被害に遭った彼が、野球ファンの大声援を受けてマウンドに立つ。ローテーションとして決まっていたことでしたが、これはもう野球の神様が書き上げた物語だったのでしょう。佐々木のもとに天から届いた封書には、この日マウンドに立つのだと書かれていて、彼はそのために黙々と準備を重ねてきたに違いありません。

私たち人間は、産んでくれとお願いして出生するのではありません。あまたの生物がこの世に存在するなかで、なぜ人として生を授けられたのか。これはもう天の配剤と言うべきものでしょう。

古代中国の思想家・荘子《そうし》は、「無用の用」という概念を説きました。一見すると役に立っていないように見えることが、実は大きな役割を果たしている、ということです。

侍ジャパンの3試合目が3月11日に行なわれることは、大会全体ではとり立てて意味を持たないかもしれません。しかし、私たちにとっては、この日に試合をすることには大きな意味があり、その試合に佐々木が先発することでその意味がさらに深くなります。野球の神様は彼に頑張れというメッセージを送っているのだと、私は理解していました。

「無用の用」をもう少し広く解釈すれば、常識とか先例にとらわれて「これは無用」だと決めつけず、どんなことにも可能性を見出すべきだ、と言われている気がします。

「いままではこうだったから」という前例主義や、「これはこういうものだ」という固定観念は、物事をスムーズに進める手立てに成り得ます。仕事でも勉強でも、時間に追われると効率重視になりがちですが、そんなときこそ「無用の用」の教えに気づきたいものです。

言《げん》行《こう》は君子の枢《すう》機《き》なり

佐々木が侍ジャパンの公式戦のマウンドに立つのは、このチェコ戦が初めてでした。強化試合と公式戦は似て非なるものですから、身体は元気いっぱいに見えても緊張感はあったでしょう。1番打者をライトフライに、2番打者を三振に打ち取ります。簡単に2アウトを取り、「大丈夫だ、行ける」と思った瞬間に3番打者に2塁打を打たれました。

日本のプロ野球選手でも、佐々木のボールに対応するのは簡単ではありません。163キロのストレートに力負けせず、しっかりと打ち返してくるとは。

チェコは今回がWBC初出場で、10日の中国との初戦は8対5で勝利していました。ほとんどがアマチュアで、仕事を持ちながら野球をしていますが、決して侮ることはできません。次打者はショートゴロに打ち取るものの、中野の送球が乱れて2塁走者に生還されました。

チェコの攻撃を1点で抑えたその裏、先頭打者のヌートバー、2番打者の近藤が三振に打ち取られました。3番の翔平は1塁ゴロです。好調な3人が凡退しました。

中国戦では追加点をなかなか奪えず、韓国戦ではダルが先制点を許しました。国際試合では何が起こるか分からないということは、前2試合で思い知らされています。何が起こっても動じない覚悟を持ってベンチにいますが、この1回の攻防で国際試合の難しさが三たび襲いかかってきました。

2回はチェコを0点に抑え、その裏の攻撃は村上が三振のあと、吉田が安打、山田哲人が四球、山川穂高が安打で、1アウト満塁とします。しかし、8番打者の中野はセカンドフライで、続く9番打者の甲斐拓也は3塁ゴロに倒れ、満塁の走者を返すことはできませんでした。

3回裏の攻撃は1番からでした。ヌートバー凡退で1アウトから近藤が2塁打を放ちますが、翔平が空振り三振で打ち取られます。

これが野球なのだ。とにかく我慢だ。我慢だ。焦らない、焦らない、焦らない。自分に言い聞かせます。

4番の村上が四球を選び、2アウト1、2塁とチャンスをつなげます。ここで5番の吉田がタイムリー2塁打を放ち、2対1と逆転します。さらに山田も安打で続き、3点目が入りました。

4回表の途中で、佐々木から宇田川優希へ投手リレーをしました。その裏はヌートバー、近藤、翔平の3連続タイムリー、さらには吉田の犠飛で4点を追加しました。

5回表にチェコに2点目を許しますが、その裏に牧原のタイムリーで加点し、5回を終えて8対2となりました。

城石コーチが「翔平を交代させましょうか」と聞いてきました。この先の試合を考えて休ませてもいいのでは、ということですが、私は「いや、試合の流れがいいから、それを壊さないようにもう少し頑張ってもらおう」と答えました。

ファイターズの監督当時から、翔平の起用法は「とにかく無理をさせない、ケガをさせない」ことが大前提でした。投手と打者の二刀流でフル回転してもらわなければならないので、得点差が開いたら休ませるという判断も必要だったでしょう。城石コーチの言い分もよく分かるのですが、メジャーリーグでプレーしてきた5シーズンで、翔平は身体の強さを高めています。格段にタフになりました。

試合展開がもう少しはっきりするまでは、正面からファイティングポーズを取り続ける。次のオーストラリア戦までは4連戦ですが、そのあとは試合間隔が空きます。

この日のチェコ戦と明日のオーストラリア戦までをしっかり戦って、準々決勝へ向かっていく。いまの翔平ならやり切ってくれる、と私は信じていました。

もうひとつ付け加えておくと、自分たちが試合の流れをつかんでいる、つまり順境にあるときこそ、私は「小事を大事」にします。水戸光圀公が「小さなことは分別せよ。大きなことには驚くな」と言ったことにはすでに触れましたが、渋沢栄一さんが『論語と算盤』に書いた「失敗はその多くが得意の日に兆しを表す」というのも、まさにそのとおりでしょう。

小さな積み重ねから大きな仕事が作られていくように、大きな失敗は小さな油断や判断ミスがきっかけになる。『易経』に「言行は君子の枢機なり」とありますが、監督の言動ひとつでチームは良くも悪くもなります。発言と行動には、慎重を期さなければなりません。

「機」には兆しという意味もあります。1球1球に集中しながら、変化の予兆を見逃さないようにしなければなりません。

ここでも大切なのは「小事」です。小事をおろそかにすると、兆しが見えてきません。仕事でも、勉強でも、家事でも、育児でも、小さな積み重ねを怠らずに。同僚や友人、家族と一緒に励まし合いながら、人生を一コマずつ豊かにしていきたいものです。

姿を見せろ！

チェコ戦は8回裏にも2点を追加し、10対2で勝利しました。

次戦以降のことを考えると、3番手でマウンドに上がった宮城《みやぎ》大弥《ひろや》が価値ある仕事をしてくれました。1次ラウンドでは65球の球数制限があるのですが、4回から9回までをひとりで投げ切ってくれたのです。

ボールの質の高さ、指先の感覚の鋭さには保証書付きですが、ひとつ危惧していたのは海外の主審との相性でした。決め球としているスライダーはストライクゾーンをギリギリでかすめていくのですが、それをきちんと見極めてもらえるか。厚澤和幸ブルペン担当コーチも心配していたのですが、打者16人を相手に2安打7奪三振と、申し分のないピッチングをしてくれました。

WBCでは投手に球数制限が課せられ、かつ、30球以上投げたか2日連続で登板すると、中1日の休みを取らなければいけないルールがあります。宮城がひとりで5イニングを投げてくれたことで、次戦以降の投手の使いかたに余裕が生まれました。

所属するオリックス・バファローズでは先発を任されており、リリーフの適性があるかどうかは、実際にやってみないと分からないところがありました。この日のピッチングから判断すれば、次もリリーフで使うことができます。

21歳の佐々木、24歳の宇田川、21歳の宮城と、若い3人のリレーで勝利したこの試合は、決勝戦まで7試合を戦い抜くうえで大きなものとなりました。同時に、3月11日に佐々木が世界デビューを飾ったことにも、大きな意味がありました。

チェコ戦では、触れておくべき場面がもうひとつあります。

4回表のチェコの攻撃で、佐々木が打者の膝にボールを当ててしまいました。160キロを超えるストレートが直撃したのです。死球を受けた打者はそのまま倒れ、グラウンドを転がります。私も大丈夫だろうかと心配になりましたが、ゆっくりと立ち上がると1塁へ向かい、ダイヤモンドの外をライト方面へ走り、1塁へ戻る際にはダッシュをして膝の痛みを確認しました。

ウィリー・エスカラというその選手に、東京ドームの観衆から大きな拍手が寄せられました。私自身もベンチで拍手をしました。

一生懸命な姿を見せられれば、対戦相手でも心を動かされます。WBCという世界一を決める舞台に立ちながらも、チェコの選手たちは野球ができる喜びを身体いっぱいで表現していました。そこには、私たちが子どもの頃から触れ合ってきた野球があり、対戦しながら清々しさを感じていました。

懸けるものがどんなに大きくても、対戦相手がどんなに巨大でも、ひたむきに取り組むことを忘れてはいけない。野球の原点、プレーする原点を見せてくれたチェコに、私は感謝の気持ちを抱きました。

ファイターズの監督当時から、私は選手たちに「姿を見せろ！」と言い続けています。打撃でも守備でも、一つひとつのプレーに全力を尽くす。ボールに食らいついていく思いや魂を心に宿す。それが選手自身の姿として現れ、多くの人に伝わります。つまり、心があってこその姿なのです。

プロ野球のチームは、選手一人ひとりの高い技術やパワー、選手同士の鮮やかな連携、チームとしての高度な戦略といったものをお見せすることを使命とします。けれど、情熱のこもっていない技術では、見ている人たちの心を動かすことはできません。

仕事でも勉強でも、何か大きなものに向かっていく私たちは、「うまくいくだろうか」と不安を覚えたりします。「失敗したらどうしよう」と怯んだり、すくんだりすることもあります。

結果を気にするよりもまず、全力で向かっていく姿を整えたいものです。うまくいくか、いかないかではなく、自分が全力で挑むことに心を集中していく。

そうすると、どうでしょう。

縮こまっていた身体から力が抜けて、足元からじわじわと力が湧き上がってきます。

ちなみに、死球を投じてしまった佐々木は、オーストラリア戦翌日の13日にチェコの宿泊先を訪ねました。エスカラ選手にビニール袋いっぱいのお菓子を手渡し、サインボールも贈ったそうです。改めて謝罪をしたかったのと同時に、野球の原点を見せてくれたチェコへの感謝のしるしだったのかもしれません。

第5章
浩然と

責任感はあっても、悲壮感はない。
去り行く者の志を受け継ぎ、さらに奮い立つ。
好機を逃しても、慌てずに、次のチャンスを待つ。
何事にも屈しない勇気が、たくさんの声援を呼ぶ。
共鳴する心が、心をたくましくする。

人の長たる者としては単に自分ひとりが誠実というだけでなく、多くの人々を容れるだけの度量の広さとともに、さらに、一旦、事が起こった場合には、身をもって部下をかばうだけの一片の侠気ともいうべきものがなくてはならぬと思うわけです

チェコ戦の試合前会見で、栗林良吏《りょうじ》について質問を受けました。一部メディアでコンディション不良が伝えられたからで、私は「腰に張りがあるので、投げるのはこちらで止めている」と説明しました。

広島東洋カープ所属の栗林は、事前の強化試合3試合に登板して順調な仕上がりを見せていました。広島では絶対的なクローザーで、21年の東京オリンピックでも抑えを務めました。WBCでも抑えを任せる構想だったのですが、開幕してから腰に違和感を訴えていました。

中国戦からオーストラリア戦までは4連戦ですが、オーストラリア戦から準々決勝までは中3日の間隔が空きます。準々決勝までに症状の改善をと考えていたのですが、選手の入れ替えには期限があります。少しでも待ってもらえないかと交渉しましたが、「ルールはルールなので」という回答でした。

選手のコンディションを管理してもらうために、12球団からトレーナーを派遣してもらっています。広島の苫米地鉄人《とまべちてつと》トレーナーも、復帰までのスケジュールをしっかりと立ててくれていました。

そのうえで、私たちはいくつかの問題点を共有していました。

故障の箇所が腰であること。

通常ならオープン戦の時期で、試合で投げて身体が完全に出来上がっていない。

復帰したらWBCの特別な雰囲気のなかで、いきなり目いっぱい投げなければいけない。

宮崎キャンプから緊張感に包まれ、選手はただでさえ疲労がある。

準決勝と決勝が行なわれるフロリダへの飛行機移動は13、14時間を要する。

症状が改善して準決勝で投げることができても、登板間隔が14日も空いている。そこでいきなり投げると、再発のリスクが高まる——。

って何とか投げさせてあげたい。その一心でギリギリまで症状の改善を待ちましたが、決断のタイミングは迫っています。

栗林は宮崎キャンプから、本当に勝負勘を持って準備をしていました。何とか投げさせ

どの角度から分析しても、「無理をさせてはいけない」という答えになります。

私はカープの鈴木清明《きよあき》球団本部長に直接連絡を取りました。新井貴浩新監督のもとでチームを一気に浮上させる、というシーズンです。抑えのエースに何かあったら大変だ、という思いがあるに違いありません。

鈴木本部長は、「ウチのトレーナーからも報告を受けていますが、監督から見てどうですか？」と聞いてきました。私はできるだけ冷静に答えました。

「本部長、何日も考えましたが、クリのためにここを離れたほうがいいと思います。この状態でマウンドに上がるのは、あまりにもリスクが大き過ぎます」

試合でどれぐらい投げられるのかを確認できないまま、猛烈なプレッシャーのかかる準決勝や決勝で登板させるのは危険です。所属チームにとって大事な選手を預かる立場として、クリをマウンドに送り出すことはできない、というのが私の判断でした。

私が離れたほうがいいと考える理由は、鈴木本部長の胸に届いていたのでしょう。そこまで分かったうえで、こう言ってくれました。

「監督、栗林の思いを、何とか叶えてやってもらえませんか」

心が、震えました。

北海道日本ハムファイターズの監督を引き受けた際に、いくつかの約束を自らに課しました。そのひとつが、「絶対に投手を壊さない」というものです。野手の場合はある程度無理のできる幅がありますが、投手はひとつの無理で野球人生を終わらせてしまうことがあります。私の起用法がきちんとしていればその故障は起こらなかった、ということは絶対に避けようと考えました。

投手起用については、監督なら誰もが慎重を期します。それでも、鈴木本部長は「夢を叶えてほしい」と静かに訴えてきます。チームのフロントとして長く野球界を支えてきただけに、野球界のために、侍ジャパンのために、という思いも強いのだろうと感じました。選手第一の姿勢にも、心を打たれました。

鈴木本部長の栗林に対する思いが、溢れるほどの愛情が、私の心を激しく揺さぶります。けれど、情に流されてはいけない。心に痛みを感じながら、こう伝えました。

「分かりました。鈴木本部長のお気持ちもしっかり踏まえて、考えさせていただきます。最終的には私が判断して、本人に伝えさせてもらいます」

チームから本人の意思を尊重してくださいと言われるのは、栗林の人となりによるところなのでしょう。栗林にも源田にも言えることですが、グラウンド外での立ち居振る舞いも超一流なのだ、ということを知らされました。

栗林と話をするにあたって、私は森信三先生の「長の心得」を心のなかで復唱していました。とりわけ、「一旦、事が起こった場合には、身をもって部下をかばうだけの一片の俠気ともいうべきものがなくてはならぬ」という言葉が、胸の奥深くまで染み込んでいきました。

痛みに耐えてもチームの勝利に貢献したいという栗林の思いを受け入れ、彼にとって最善の選択をする。森先生が言う「身をもってかばう」ということは、彼の未来に小さな影さえ落とさない選択をする、ということでした。もちろん、栗林が批判されるようなことが起こったら、その矛先を栗林ではなく自分へ向けさせる、ということも忘れてはなりません。

森先生は「一片の俠気」と書いています。苦しんでいる人や立場の弱い人を見過ごせない気持ち、そういう人たちを助けようとする気性のことです。「男気」と言われることもありますが、お母さんがお子さんを慈しむとか、お姉さんが弟さんや妹さんを気にかけることも、俠気に似たものがあるでしょう。

そうやって考えると、森先生による「長の心得」は、性別や年齢などを問わずに、みなさんの心に備わっているものと言えるでしょう。
監督室に、ノックの音が響きました。
栗林が入ってきます。

できる人はやってはいけない

腰に違和感を訴えた当初の栗林は、階段の昇り降りにも表情を歪《ゆが》めていました。けれど、この日はほぼ普通に歩いているように見えました。

監督室に入ってきた栗林は、「順調に来ています。これなら予定どおりブルペンに入れそうです」と、落ち着いた口調で言いました。WBCに懸ける決意は、やはり揺らいでいません。強い決意が力のある目を作っています。

私のなかでの答えは、すでに出ています。慰め、励まし、労い……頭のなかに浮かぶものを振り払い、ゆっくりと、はっきりと告げました。

「クリ、はっきりと言います。本当にすまないけれど、チームを離れてもらいます。ここから先のスケジュールを考えると、最後の登板から準決勝まで14日間空いてしまって、試合でどれだけ投げられるのかの確認ができないまま、いつも以上に力が入って投げることになると思う。それは、故障のリスクが大きすぎる。クリをマウンドにはいかせられない。クリの思いはチームのみんなに伝わっているし、これほど悔しいことはないと思う。ただ、絶対に無理をしてはいけない。今回は、チームを離れるということで、どうか勘弁してほしいのです」

「…………」

私の宣告に、栗林は全身を切り裂かれた気持ちだったに違いありません。彼は何も言えずに立ち尽くしています。

日本を代表する作家の五木寛之さんは、「本当に悲しいとき、人は横にいて寄り添うことしかできない」と言います。クリにとっていまがまさに「本当に悲しいとき」です。私は彼が納得するまでその場に居ます。

栗林は、なかなか答えません。言いたいことはあるはずなのに、歯を食いしばってじっと我慢している。

その姿が、私の胸中を熱くさせます。「なぜだ、なぜクリがチームを離れなきゃいけないんだ」という怒りに似た思いが、胸を何度も刺します。自分で決断したことなのに、心の奥深いところが落ち着きません。

しばらくして、栗林が口を開きました。

「分かりました。迷惑をおかけして、すみませんでした」

不平不満を、文句を、ひと言もこぼすことなく、目を潤ませて頭を下げる姿を見て、10年以上前のある記憶が甦りました。

北海道日本ハムファイターズの監督に就任したばかりの頃、監督室の黒板に「できる人はやってはいけない！」と書いてありました。故事成語でも著名人の名言でもないのですが、私はこの言葉をノートに書き写しました。

組織のなかで役職を得ると、できることが増えます。組織の意思決定に直接的に関われるようになれば、自分の意見を押し通すこともできるでしょう。

だからといって、私心を挟んではいけません。組織のための、部下のための、正しい判断なのか。部下が見てもそれは必要だ、と認められるものしかやってはいけない。そうでないと組織は機能不全に陥るという意味で、私はこの「できる人はやってはいけない」という言葉を受け止めました。

ここから先も栗林と一緒に戦いたいけれど、侍ジャパンが世界一になるためには、選手を入れ替えることが最善です。

スポーツのように身体を酷使するような場面でなければ、温情で動くこともできるでしょうが、その場合も、熟慮を重ねるべきだと思います。

至るを知りてこれに至る、ともに幾《き》を言うべきなり

侍ジャパンはここまで3連勝ですが、国によって消化試合数にばらつきがあり、準々決勝進出はまだ決まっていません。

この日対戦するオーストラリアは、初戦で韓国に8対7で競り勝ち、中国を12対2で下していました。昨年11月の強化試合では連勝しましたが、当時の彼らはシーズン開幕前で状態が整っていませんでした。きっちり調整している今回は、難しい試合になることを想定していました。

この試合は、大会を通して唯一のビジターゲームでした。これまでのWBCでは、紺色と赤色のビジターユニフォームを着て躍動する選手たちが印象的です。そのユニフォームに初めて袖を通すということで、私自身は気持ちを新たにしました。初めて先攻で戦うと

いうことで、初回から先手を取りたいところです。

果たして、1番打者のラーズ・ヌートバーがフルカウントから四球を選びます。外国人選手は打って出塁したい気持ちが強いものですが、彼は選球眼の良さを生かしてチームファーストに徹してくれています。

2番打者の近藤健介が安打でつなぐと、3番の大谷翔平が東京ドームを沸かせます。WBCでは初となるライトへの本塁打で、初回に3点を先制しました。

マウンドに上がるのは、4人目の先発投手の山本由伸です。吉井理人投手コーチからは、試合前の状態が「あまり良くありません」との報告を受けていました。21年、22年とパシフィック・リーグの投手部門5冠を達成した彼でも、さすがに緊張するのかと思っていましたが、初回を3者凡退で打ち取りました。

2回表の攻撃は、8番打者の中野拓夢がレフト前安打で出塁し、9番打者の中村悠平《ゆうへい》の犠打で1アウト3塁とします。続くヌートバーがセンター前へ打ち返し、4対0とします。さらに近藤が2塁打を放ち、ヌートバーが生還して5対0としました。

山本は4回表まで投げて、1安打8三振の見事な投球を見せてくれました。初回から素晴らしいボールを投げていましたが、試合後の取材では「1回表に打線が3点取ってくれて、落ち着いて試合に入っていけた」と話していました。

0対0で推移していったとしても、山本なら試合のなかで調整をしつつ、抑えてくれたことでしょう。それでも、先行して投手を楽にしてあげることは重要で、とくに国際試合では先制点の重みが増すことを、準々決勝を前に再確認しました。

4回にも1点、5回にも1点を加え、7対0とリードを広げます。それぞれの選手が特徴を存分に発揮して、攻守に思い切ってプレーしています。

しかし、自分たちのペースで進んでいるからこそ、ひとつのきっかけで流れが変わってしまいます。点差が開いているからこそ丁寧に戦うことを意識する。私は心のなかでノートを開き、『易経』の「至るを知りてこれに至る、ともに幾を言うべきなり」と記したページを開いていきました。

わずかな兆し（幾）を見逃さず、それが何を意味するかを読み解き、全体像に当てはめ、次の一手を見つける。熟練の漁師は晴れあがった穏やかな日和でも、山の隅の一朶《いちだ》の雲を見て嵐を予知すると聞きますが、この局面で私に求められるのは試合の潮目を読むことでした。

中国元代の戯曲『琵琶記』の「好事魔多し」は日本でも広く知られていますが、物事がうまく進んでいるときほど、思わぬところに落とし穴が待ち構えていたりします。仕事でも、勉強でも、調子がいいときほど自分を見つめて、「魔」が近づかないように心がけたいものです。

西南には朋《とも》を得、東北には朋を喪《うしな》うに利《よ》ろし

5回からマウンドに上がった2番手の高橋奎二も、いいボールを投げていました。その後は大勢《たいせい》、湯浅京己《あつき》、髙橋宏斗《ひろと》とつなぎ、この4試合で栗林を除く全投手に登板の機会を与えることができました。

ここまで4連戦を消化してきましたが、次の準々決勝までは3日間の試合間隔があります。そこからアメリカへ移動して中3日で準決勝、その翌日に決勝というスケジュールです。

選手たちは2月17日の合宿初日から、過度の緊張を強《し》いられてきました。食事会などのリラックスするタイミングはありましたが、心の底から気持ちを解放することはなかったでしょう。

オーストラリア戦後は、ホテルを離れて自宅へ帰ることを許可しました。家族との時間

を過ごしたりして、ここからの決戦へ向けて心と身体をもう一度立て直してほしかったのです。

試合後のミーティングを終えると、ダルビッシュ有が全員で写真を撮ろうと提案しました。栗林を気遣ってのことです。全選手がグラウンドに出て、栗林を中心に写真に収まりました。

宮崎キャンプから今日で3週間ほどになりますが、過ごしてきた時間は恐ろしく濃密で、本当にたくさんのことがありました。そのなかで、選手たちはチームメイトに思いを寄せて、気遣い、ともに戦い、日を追うごとにまとまってきました。源田壮亮は残り、栗林は離れるという現実も、選手たちは理解してくれています。

栗林だけでなくWBC開幕前に離脱した鈴木誠也のためにも、応援してくれているファンのみなさんのためにも、絶対にこのチームを勝たせなければならない。チームは順調に勝利をつかんできましたが、状態を上げるのに苦心している選手もいます。自チームなら試合に出ながら調整できますが、侍ジャパンではそうもいきません。限られたピッチングやバッティングの機会で、何とか調子を上げていかなければならない。選手たちのここまでの状態を精査して、ここから先の戦いでどうやって起用していくのかを、考える必要がありました。

準々決勝までの3日間で頭のなかを整理するにあたって、この日のノートには『易経』の「西南には朋を得、東北には朋を喪うに利ろし」を記しました。

ここから先は、負ければ終わりのトーナメントで、1次ラウンドとは別の戦いになります。「慣れ親しんだ環境に決別して、また新しい戦いが始まる」という気持ちで、この先の戦いに挑むことを自らに課しました。

この言葉をもう一歩進んで解釈すると、「親しい者同士で絶えず行動するのではなく、新しい環境へ飛び込んでいくべきだ。それによって自分の成長を促し、周囲の人たちを幸せにすることもできる」と考えることができます。

居心地のよい場所にずっと止《とど》まっているのではなく、失敗を恐れずにどんどんチャレンジしてみよう。進学や就職、転職といった人生の岐路に立ったときに、この言葉の意味を嚙み締めてほしいのです。

修辞《しゅうじ》

3月13日に1次ラウンドの全試合が終了し、4連勝の我々が首位通過し、3勝1敗のオーストラリアが2位で準々決勝へ駒を進めました。

対戦相手は1次ラウンドA組のチームで、キューバ、イタリア、オランダ、パナマ、台湾の全チームが2勝2敗で並びました。その結果、2位のイタリアと対戦することになりました。

イタリアの監督は、元メジャーリーガーのマイク・ピアザです。日本人のメジャー行きの道を開いた野茂英雄《のもひでお》さんが、ロサンゼルス・ドジャースでバッテリーを組んだのがピアザでした。

野茂さんがメジャーへ移籍した95年、私は取材者として長くドジャースに帯同しました。スラッガーとしてチームを牽引したピアザにも、何度も話を聞きました。はるか時を経てピアザと監督同士で対峙することに、懐かしさと縁を感じました。

チームにはイタリア系アメリカ人が多く、翔平のチームメイトのデビッド・フレッチャーもいます。メジャーリーグやメジャーのチーム傘下のマイナーリーグでプレーしている選手が並んでおり、いよいよメジャーの選手との戦いが始まると言うことができました。

イタリア戦に向けた3日間で、私は村上宗隆について考えていました。彼は22年のセントラル・リーグで3冠王に輝き、22年11月のオーストラリアとの強化試合では4番を任せました。

ところが、2月のキャンプインからなかなか状態が上がりません。WBC前最後の強化試合となったオリックス・バファローズ戦では、あえて4番から6番に下げました。自分を客観的に見つめたり、違った角度からとらえたりしてもらいながら、刺激を与えられたら、と考えました。

1次ラウンドでは4試合すべてで4番に据えましたが、14打数2安打とふるいませんでした。ホームランも出ていません。

チームのために何とかしようとする姿は、はっきりと感じ取れます。必死にもがいてくれていますが、状態が上がりきらないのです。

『易経』に「屯《ちゅん》は剛柔始めて交わりて難生ず。険中に動く」とあります。新規事業や巨大プロジェクトなどを進めていく過程では意見の食い違いなどの困難が生じます。それでもくじけずに前進していくべきだという教えで、いまの村上はまさに産みの苦しみを味わっているのであり、きっかけさえつかめば必ず打ち始める、と目覚めを待ち続けてきました。

近年の野球は変化が著しく、４番打者を絶対とは考えません。メジャーリーグでは、出塁率と長打率を足し合わせたＯＰＳ（オプス）の高い打者が、２番に入ったりします。打順の考えかたも多岐にわたりますが、村上は４番にこだわりを持っています。個人的にはそれがとても頼もしく、嬉しいことです。

ひとりの野球人としては、負けてもいいから最後まで４番で起用したい。それが村上のためになり、日本野球の未来のためにもなる。けれど、侍ジャパンの監督として、勝つための仕事をまっとうしなければならない。

監督の仕事は「小善は大悪に似たり。大善は非情に似たり」です。

村上にとって本当の優しさとは何なのか。選手を信じているからこそ、結果へ結びつけるためには何でもしなければならない。

なかなか状態の上がらない村上に対して、翔平や吉田正尚が「こうなっているよ」などとアドバイスをする場面がありました。彼らは村上の潜在能力を評価して、信じています。村上の状態が上がってくることが世界一奪還につながる、という思いからの行動だったのでしょう。

村上が力を発揮できる手助けをする。「自分らしいバッティングができていなくてすみません」といった負のイメージを消し去るためにも、「大善は非情に似たり」の姿勢を貫きました。

あとは、伝えかたです。

私がどこかのチームの監督をやっていて、村上がそのチームの選手なら、あえて打順を変えたりして刺激を加えながら復調を促す、ということができます。けれど、私たちには普段から一緒に戦っているという積み重ねがありません。なるべく丁寧に、誤解が生じないように、こちらの意図を伝える必要がありました。

プロ野球チームが宿泊する場合、監督と選手はフロアが別になることが多いのですが、今回は同じでした。私の部屋に村上を呼んだら、他の選手が気づくかもしれません。誰かを特別扱いしているといった誤解は禁物なので、マネジャーを介してＬＩＮＥで通話をしました。

どのように話すべきかを考える私は、「修辞」の二文字を思い浮かべていました。

現在は飾り立てた言葉で巧みに表現するといった意味で使われますが、『易経』にある修辞は「簡潔かつ明瞭に、効果的で分かりやすい生きた言葉で思いを伝える」というものです。

上司と部下、先生と生徒などの間には、「師弟関係」と呼ばれるものがあります。長い時間のなかで苦楽をともにしてきた２人は、以心伝心で互いの思いを汲み取ることができます。家族の間にも、「言葉はいらない」場面はあるでしょう。

それを否定するつもりはありません。ただ、「言わなくても分かってくれる」と決めつけるのは、場面によっては誤解を招いてしまいます。私自身は、言葉できちんと伝えるように心がけており、相手にとっての「修辞」を意識しています。

ペルシャのことわざに「鉄砲で撃たれた傷は治すこともできよう。だが、人間の口でやられた傷は決して治すことはできない」というものがあります。言葉の選びかたに注意するのは、いつの時代も、どこの国でも、変わらないのでしょう。

村上には「打順を下げるよ」と伝えました。悔しかったに違いありません。歯がゆさに身体を縛られたことでしょう。

それでも、すぐに「分かりました」と答えてくれ、「監督、今日も勝ちましょう！」と元気に続けてくれました。この素直さこそが、彼の進化のスピードを加速させているのだろう、と感じました。

準々決勝のイタリア戦は、４番に吉田、５番に村上で臨むことにしました。主力打者の打順を下げる場合は、ひとつではなく二つ、三つと後ろにすることが多いのですが、好調の吉田を5番から4番に上げ、村上と入れ替えることにしました。調子が良くないとしても、村上なら必ずやってくれるという期待は、やはりあったのです。

速やかならんと欲すること毋《な》かれ。小利を見ること毋かれ。速やかならんと欲すれば則《すなわ》ち達せず。小利を見れば則ち大事《だいじ》ならず

村上の打順変更を決めたのは、イタリア戦当日の午前中でした。オーストラリア戦の夜から考えて、考えて、考え続けて、こうだと心に落ちたのがそのタイミングでした。

できる限りの努力をした人だけに、神様が力をくれる、手伝ってくれる、と言われます。私自身、「できる限りの努力」を実践して、神様に力をもらえたと感じたことがあります。

試合後の夜にホテルの自室へ戻り、天井を見上げながらあれこれとシミュレーションをしたり、ノートの白いページをぼんやりと見つめながら思考を巡らせたりして、それでも答えは出ずに朝を迎えてベッドに身体を横たえる。小さく呻《うめ》きながら目をつぶったあとに、

「ああ、そうだ」と腑に落ちる。自分なりの答えに辿り着くまでには、いつも長い時間を必要としました。

どんなに考えても、納得できる答えに辿り着けないことがあります。それでも考えて、待って、考えます。ときには気が遠くなるような感覚を覚えたりもしますが、答えが出ないうちにあきらめることはしません。答えを急ぐこともしません。

『論語』は「速やかならんと欲すること毋かれ。小利を見ること毋かれ。速やかならんと欲すれば則ち達せず。小利を見れば則ち大事ならず」と諭します。

速やかに成果をあげようとしない。

目先の利にとらわれない。

結論や結果を無理に急げば、目標には到達できない。

目先の利益にとらわれると、大きなことは成し遂げられない。

「小善は大悪に似たり。大善は非情に似たり」や、「小さなことは分別せよ。大きなことには驚くな」に通ずるところがありますが、侍ジャパンの監督を務めるにあたって、それらすべてを自分の心得としました。

小さいことをおろそかにせず、時間の限りできることを探し、考え、チームにとって最善の選択をする。

自戒を込めて言うと、慌てないことは難しいと感じます。必要以上に時間に追われてしまって、どうしても結論を急ぎたくなります。

みなさんの日常でも、似たような場面があるかもしれません。

仕事を進めていくうえでふたつの選択肢があり、どちらを選ぶべきかを検討する際に、時間を優先して十分な比較材料を揃えるまえに決めてしまう。

タイムセールで商品を安く買うことができたけれど、すぐには必要のないものだったといったことも、「小利を見た」ことによる失敗かもしれません。

小さな利益、目前の利益より、組織にとって、自分にとって、本当に必要な判断を必要な時間をかけて下す。結果的にそのほうが無駄はなく、効率も良いのでしょう。

諸君、狂いたまえ

ここから先は一発勝負です。イタリアに勝ってアメリカへ向かうか、負けて解散になるのか。

事務的な作業を担うマネジャーは、あらゆる想定をします。ロッカールームのホワイトボードには、勝った場合と負けた場合の今後のスケジュールが示されていましたが、私は選手たちにこう言いました。

「負けた場合の動きは忘れてください。我々が負けることはない。イタリアに勝って、みんなでアメリカに行きます」

人間はイメージに引っ張られます。負けたあとの情報が頭のなかにとどまると、知らず知らずのうちへ思考がそちらへ向かってしまうことがあります。マネジャーには申し訳なかったのですが、イメージを消去するために「勝ってアメリカへ行く」と宣言しました。

ミーティングではスタメンを発表しています。

「1番センター、ヌートバー！」

「はい」

「2番ライト、近藤！」

「はい」

「3番投手、大谷！」

「…………」

この日は先発投手なので、すでに準備をしているのかもしれません。返事がなかったことは、ひとまず受け流しました。あとから聞いたところ、翔平はトイレへ行っていたのでした。負けたら終わりの大一番で先発するのですから、彼にも緊張感があったのでしょう。続けて、「4番レフト、吉田！」と言いました。

「…………はい」

少し間があってから、返事がありました。ここで打順が変わるとは、考えていなかったのでしょう。打順の変更はムネ本人と、吉村禎章《さだあき》打撃コーチにしか伝えていませんでした。吉田を含めた選手たちが、ここで打順を入れ替えると考えていなかったのなら、逆に私の意図はきっちりと伝わると感じました。少なくとも、私の覚悟は感じ取ってくれるはずです。

5番サード村上、6番ファースト岡本、7番セカンド牧、と発表し、次は8番です。

「8番ショート、源田！」

ロッカールームの空気が、一瞬にして変わりました。源田の「はい！」という声が響きわたると、まるで日差しが差し込んだように室内が明るくなった気がしました。源田の瞳の輝きが反射していくかのように、みんなの目が、顔が、生き生きとしていきます。「そうです、監督、そう、げんちゃんと一緒に戦いましょう！」という選手たちの心の声が、ロッカールームに反響しているようでした。

源田をチームに残すと決めてから、練習中の動きを注意深くチェックしてきました。骨折していると言われなければ分からないぐらいに、しっかりと投げて、打つことができていました。

本人は「徐々に強いボールを投げていきます」と話していましたが、痛みがあるかどうかを聞けば、「痛い」と言うはずがありません。本心では痛かったはずですが、私は前日練習の段階で源田の先発復帰を決めていました。

試合前のメンバー発表で源田の名前がアナウンスされると、東京ドームに地響きのような歓声が沸き上がりました。彼の熱き魂がファンのみなさんも巻き込み、侍ジャパンの大きな力となった瞬間でした。

江戸時代後期の思想家であり教育者の吉田松陰の有名な言葉に、「諸君、狂いたまえ」というものがあります。

第三者には到底及ばないほどの情熱で行動を起こす人間は愛すべき存在で、理屈のみで行動しなくなることがいけない。情熱を持って行動せよ、と松陰は言います。

何か思い切った行動を起こすかどうか迷うとき、私たちは心にまとわりつくしがらみをなかなか振りほどけません。そのうちに常識とか付き合い、損得勘定などが迫ってきて、「いつもどおり」、「これまでどおり」の行動になりがちです。

いつもと変わらないことを「自分らしさ」に置き換えてしまうと、現状維持から抜け出せません。枠に収まった生きかたは安定や安心につながるかもしれませんが、ワクワクとした気持ちからは遠いでしょう。

一度きりの人生を悔いなく生きていくためには、狂うほど何かに没頭すべきなのかもしれません。チャレンジする人がいなくなることを、松陰は危惧していたのでしょうか。

幸福は最初は不幸の形をして現れる

3月16日、イタリアとの準々決勝が始まりました。

翔平が先発し、ダルへうまくつないで勝ち切り、いざアメリカへ。準決勝進出という最低限の目標へ向かって、初回から力を出し切るだけです。

1回表のマウンドに上がった翔平は、初球から大声をあげて打者へ向かっていきます。球場中に聞こえるほどの音量で声を張り上げる姿など、これまで見たことがありません。その猛々《たけだけ》しい姿は、「何が何でも勝ち切る」というチームへのメッセージだったのでしょう。

翔平は3回まで「0」を並べ、3回裏の攻撃で試合が動きます。1アウトから近藤が四球で出塁し、翔平がバント安打で続きます。相手の意表を突いたことでミスを誘い、チャンスが広がりました。

このあたりのゲーム勘は、翔平ならではでしょう。勝つために何をするべきか、相手は何を嫌がるのかを、察知する感覚は抜群です。

4番の吉田はショートゴロに倒れますが、その間に近藤がホームを踏んで1点を先制しました。

さらに村上が四球を選び、2アウト1、2塁で6番の岡本です。ここで本塁打が飛び出し、3点を追加して4対0となりました。

4回は両チームともに無得点に終わり、5回表を迎えます。翔平の球数が60球を超え、ボールが少しずつ高めに浮きます。先頭打者は内野ゴロに打ち取りましたが、死球とヒットで走者を出し、2アウト満塁から2点タイムリー安打を許しました。初回から全力で飛ばしていったので、握力も落ちていたのでしょう。

球数を考慮して、翔平はここで交代させました。マウンドへ行って「お疲れさん」と声をかけると、「すみません」と悔しそうに言いました。

4点のリードを2点に詰められて、マウンドをあとにする。この展開で追いつかれると相手にペースを持っていかれることを、彼は悟っているのです。

アメリカへ行けるかどうか。ここが大きな分岐点になる。

戦況を慌ただしく見つめている刹那、私は隠岐《おき》の聖者・永海佐一郎《ながみさいちろう》博士による「幸福は最初は不幸の形をして現れる」を実感していました。

イタリアが迫ってきているこの流れを耐え抜くことで、最終的に大きな幸福、つまり勝利をつかむことができる、と。

後ろ向きな思考になると、不安や憂いが心に忍び寄ってきます。心のなかで不安が膨らむと、真っ白だった心が灰色に、黒に染め上げられてしまいます。

私は弱い人間です。弱いことを自覚して、「この不幸は幸福が形を変えているのだぞ」と自分を諭します。

時中《じちゅう》

2番手の投手には、伊藤大海を指名しました。彼はファイターズで先発ローテーションを担っていますが、21年の東京オリンピックでは中継ぎを任されていました。今回のWBCでは中国戦で9回に登板し、2三振を奪ってぴしゃりと抑えていました。

2アウト1、3塁のこの場面で避けるべきは、丁寧なピッチングになり過ぎて四球を出し、ピンチを広げてしまうことです。

そうやって自分を苦しめてしまうことが、伊藤は極めて少ないのです。しかも、ここまで状態が本当に良い。走者を置いた際どい場面での開き直りは抜群で、臆することなく大胆に攻めることができる。相手の4番打者との対戦でしたが、ショートフライに打ち取りました。チームを救う貴重な1アウトでした。

イタリアの反撃を2点で止めた5回裏、先頭の翔平が四球で1塁に歩き、吉田は死球でチャンスが広がります。ここで5番の村上が、初球をとらえてタイムリー2ベースを放ちました。6番の岡本も右中間を破り、さらに2点追加します。これで7対2としました。

試合の主導権を、完全に掌握したのです。

7回には先頭の吉田がライトスタンドへ本塁打を運び、8対2とします。さらに村上が2打席連続の2塁打を放ち、源田の安打で9点目が入りました。

6回までは今永昇太、7回からはダル、9回は大勢と、万全のつなぎで逃げきりました。8回に本塁打を浴びましたが、9対3で勝利したのです。

翔平、伊藤の次に左腕の今永を挟み、ダルへつないだのは、一人ひとりがより投げやすいように、という意図がありました。

私たちの目標は、アメリカを倒して世界一になることです。そのためには、準々決勝に勝ってアメリカへ行かなければならない。だからこそ、翔平とダルを使って、何が何でも勝ちにいきました。

試合後はチャーター機でアメリカへ向かいます。慌ただしい移動のなかで、私は『易経』が教える「時中」について考えていました。

時中とは「時」に「中る《あた》」ことで、その時々で適切に動くのだという教えです。

野球は1球で戦況が変わります。一手、二手ではなく、三手先、四手先までを瞬時に、なおかつ何パターンも想定し、早過ぎず遅過ぎず、最適のタイミングで手を打っていくのは容易ではありません。

「時」は「時期」でも「時機」でもあり、「時季」でもあります。四季折々の行事を大切にすることも、「時中」の精神です。

社会人のみなさんも、学生のみなさんも、主婦のみなさんも、忙しい日々をお過ごしでしょう。自分の時間を作ることさえ、ままならないかもしれません。

「ちょっと疲れたなあ」と感じたら、歩道の端で、公園で、ベランダで、校庭で、グラウンドで、空を見上げてみてください。柔らかな日差しを全身に浴びて、草木の香りを感じて、鳥のさえずりに耳を傾けてみてください。現代人の生活はストレスフルですから、そんな時中も大切な気がします。

第6章
マイアミラウンド
磨いて

技術を磨き、肉体を磨き、
心を磨いて、機をとらえる。
不足を嘆かず、足るを知る。
待ち望んだ戦いが、ついに幕を開ける。
技術と、体力と、知力をすべて解き放ち、
スター軍団と対峙する。
さあ、いくぞ！

弱さと悪と愚かさとは、互いに関連している

イタリアに勝利した我々は、日付の変わった17日午前2時50分、羽田空港発のチャーター機でアメリカ南東部フロリダ州のマイアミへ向かいました。およそ13時間のフライトで、現地に到着したのは17日の午前3時過ぎだったでしょうか。

空港は閑散としているのに、荷物がなかなか出てきません。ターンテーブルの前でずいぶんと待たされることになりましたが、こればかりは自分たちでどうにもできません。選手たちは長旅の疲れを感じさせず、荷物を待っていました。

空港からは警察のエスコートを受け、バスでホテルまで移動しました。この日は全体練習はなしとして、各自で動くことにしました。

日本滞在時との大きな変化は食事です。

主催者側からアメリカ方式のミールマネー（食事代）が提供され、選手が各自で食事を摂ることになりますが、私は現地の日本料理店に事前に協力を依頼していました。ミールマネーをお店で使えるようにしてもらい、練習場にお弁当を届けてもらうことにしたので

す。勝つためにできることは何でもする、という一心でした。

我々がアメリカ入りした17日は、準々決勝のプエルトリコ対メキシコ戦が現地時間19時から行なわれました。翌18日も、準々決勝のアメリカ対ベネズエラ戦がありました。

試合会場のローンデポ・パークで観戦することも考えたのですが、どちらの試合もほぼ満員の観衆が集まるということで、落ち着いて見るためにに滞在先のホテルでテレビ観戦しました。

13年、17年のWBCで決勝まで勝ち上がったプエルトリコは、メジャーリーグで活躍するスター選手を揃えています。1回にいきなり4点を先制しましたが、4対2で迎えた7回に3点を奪われ、メキシコに逆転負けを喫しました。国の威信を懸けた武器なき戦争で、魂のほとばしりは凄《すさ》まじいものがありました。

翌18日のアメリカ対ベネズエラ戦も壮絶でした。後攻のベネズエラが7回裏までに7対5とリードしますが、アメリカは8回にトレイ・ターナー（フィラデルフィア・フィリーズ）の満塁本塁打で試合を引っ繰り返しました。

WBCという大会には、大会方式などを巡って賛否両論があります。アメリカ国内でも意見が分かれますが、メジャーリーガーたちが必死に戦う姿に、心を吸い取られるような感覚を覚えました。

ピッチャーが投げる1球には、チーム全員の想いが込められている。両チームの誰ひとりとして、ゲームセットまで気持ちを緩めない。だから、最後まで勝敗の行方が分かりません。

こんなにも必死な野球を見せられたら、誰もが感動するでしょう。観客席で前のめりになって、安打や本塁打に、素晴らしい投球に立ち上がって拍手をおくるに違いない。

自分たちも当事者としてマイアミに来ているのですが、野球の凄さと素晴らしさを目の当たりにして、私の心は震えていました。同時に、準決勝の対戦相手がメキシコに決まったことで、時差に苦しみながらも試合のイメージを具体化していきました。

WBCが開幕する以前から、準決勝の対戦相手はアメリカになると言われていました。そのように報道もされていて、私自身も「準決勝でアメリカと戦う」前提で様々な準備を進めていました。

ところが、16日のイタリア戦前に主催者側が会見を開きました。アメリカで行なわれている1次ラウンドの結果によって、準決勝で日本とアメリカが対戦することはない。日米対決が実現するのは決勝だけ、ということが明らかになりました。

侍ジャパンを応援してくれているみなさんは、「それ、早く言ってよ」と突っ込みたくなったかもしれません。日本語訳の取り違いと説明された私も、「いやいや、それはないでしょう」と言いたくなりました。

けれど、文句を言ったところでルールが変わるわけではありません。それならば、すぐに気持ちを切り替えるように努めました。

森信三先生は「弱さと悪と愚かさとは、互いに関連している」と言います。

「けだし弱さとは一種の悪であって、弱き善人では駄目である。また、智慧《ちえ》の透徹《とうてつ》していない人間は結局は弱い」と続けました。

我々侍ジャパンは、アメリカが主導するルールに翻弄されたわけですが、文句や恨み節を吐いている間は思考が停止しています。現実逃避のような状態でもあります。生産的ではありません。

それならば、できる限り早く気持ちをリセットして、前へ進んだほうがいい。森先生が言う「智慧の透徹」とは、言い訳をしたくなる弱さに負けずに、善後策を筋道立てて考えていくべきだ、と理解するべきなのでしょう。

気持ちをリセットする際には、自分に小さなご褒美をあげるといいかもしれません。

好きなコーヒーを飲むとか、自宅の周りを散歩するとか、友だちと話すとか。そんな些細なことでも、心の景色はずいぶんと変わるものです。

誠《まこと》は天の道なり。これを誠にするは人の道なり

アメリカ入り後2日目は、大学で練習をしました。この日は時差調整ということもあり、久しぶりにゆったりと練習を楽しめる雰囲気がありました。ここまで来たらやるだけだ、という良い意味での割り切りが、選手たちの身体と気持ちをほぐしているように感じました。

翌19日は、大会の舞台となるローンデポ・パークでの前日練習でした。私自身には、はっきりさせておかなければいけないことがありました。

まずは、ダルビッシュ有についてです。

メジャーリーガーでありながら宮崎キャンプからチームに合流して、自分の調整よりもチームメイトのために多くの時間を割いて、ここまで侍ジャパンを牽引してきてくれました。彼はサンディエゴ・パドレスで先発ローテーションの柱になる存在で、本来なら登板するごとに球数を増やしていく時期です。しかし、先発した韓国戦で48球、4番手で登板したイタリア戦は27球と、メジャーリーグの開幕を見据えると調整は十分ではありません。

ダル自身は「ブルペンで球数を投げています。大丈夫です」と言ってくれていましたが、彼自身の23年シーズンについても考えなければなりません。

時計の針を数週間前に戻します。

宮崎キャンプから名古屋へ向かうタイミングで、パドレスの開幕投手の候補だったジョー・マスグローブがトレーニング中に骨折したとの情報がもたらされました。

ダルとマスグローブは、先発の二枚看板です。チームから連絡を受けた彼は、自分までいなかったらローテーションが回らないと考え、侍ジャパンを離れる可能性について相談をしてきたのでした。

もしダルが離脱することになったら、先発の一角としてだけでなく、チームの精神的支柱を失うことになります。そうなったら、本当に苦しい。喉の奥に押しとどめた「行かないでほしい」のひと言が、何度も出てきそうになりました。けれど、これまで培ってきた経験と、技術と、情熱を、ダルは宮崎キャンプの初日から侍ジャパンに捧げてくれました。これ以上望むのは、私のわがままでしかありません。

「ダル、分かった。いつ戻ることになっても大丈夫です。決断をしたら教えてください」と伝えました。

『易経』に「美その中にあって、四支に暢《の》び、事業に発す。美の至りなり」というものがあります。謙虚、柔和、柔順、受容の精神の大切さを教えたものです。

ダルがこれまでチームのためにしてくれたことを考えれば、彼がどんな決断を下しても謙虚に、物柔らかに、真っ直ぐに、ありがたく、心から、受け入れよう。それこそが、私が彼に対して示すべき「誠」です。そうやって考えていると、『中庸』の「誠は天の道なり。これを誠にするは人の道なり」との教えに行き着きました。

私たちの心には、生まれながらに「誠」が備わっています。誠実に、誠意を持って人に尽くすことができます。相手が自分のために時間や手間を割いてくれたときに、そのお礼として誠を尽くすことがありますが、受け身ではなく能動的に「誠」を発信していきたいものです。

ダルに話を戻しましょう。

私自身は1次ラウンド第2戦の韓国戦に投げてもらい、チームを離れるということも覚悟していました。しかし、パドレスと話し合いを重ねたすえに、最後までチームに帯同すると決めてくれたのです。

彼の「誠」に応えるためにも、私は提案をしました。

「決勝戦の10日後にはメジャーリーグが開幕するので、準決勝と決勝では基本的には投げないことにしよう。パドレス合流後の準備に時間を使ってください」

アメリカ入り後は、順調に調整しているように見えます。ただ、ダルの心のどこかに「アメリカをやっつけたい」という気持ちがあるのではないかと勝手に想像して、最後に言い添えておきました。

「ただ、自分の回復が想像以上に早くて投げたくなったら、ぜひ言ってほしい」

現実になる姿が、カラーで見えているか

投手陣では今永昇太に、準決勝の前のタイミングで「決勝戦の先発をお願いします」と伝えました。準決勝からは投手全員に用意してもらいますが、彼には決勝戦に合わせて準備をしてもらいます。

それから、大谷翔平です。

準決勝に勝ってアメリカとの決勝になったら、投手は総動員です。短いイニングで継投するイメージで、終盤になるほどプレッシャーがかかります。

そこで問われるのは、メジャーリーグの選手たちと戦ってきた経験であり、彼らを抑え

てきた実績であり、その原動力となる地力です。

侍ジャパンに選んだ投手なら誰でも、メジャーリーガーに通用すると確信しています。

ただ、相手側の受け止めかたは違うかもしれません。メジャーリーグで対戦している翔平やダルのほうが、その実力が分かっているだけに打つのは難しいと考えるのではないでしょうか。

侍ジャパンの監督を引き受けた当初から、決勝戦の終盤に翔平とダルを継投させるプランは温めていました。吉井理人投手コーチと厚澤《あつざわ》和幸《かずゆき》ブルペン担当コーチとも共有をしていましたが、「そうする」と決めるのではなく最後まで可能性を探っていくことにしていました。

翔平についてはすべての打席をまっとうしてもらうので、投げることについては無理をさせません。ダルと同じように、身体がいける状態ならマウンドに向かってもらう、というスタンスです。

マイアミは気候が温暖で、日本よりも身体が動きます。練習中の選手たちは気持ち良さそうで、翔平もブルペン横でパトリック・サンドバルの話をしていました。エンゼルスのチームメイトであるサンドバルは、メキシコの先発投手として準決勝での登板が予想されていました。

翔平にサンドバルの特徴を聞くと、「投げっぷりもいいし、調子が良ければ打ち崩すのは簡単ではないです。ただ、急にフォアボールで崩れたりすることもあります」と話していると、「ちょっとバットを取ってきます。また戻ってきます」と言って、私たちの会話の輪から離れました。

翔平の姿がロッカールームへ吸い込まれると、通訳の水原一平が「実はエンゼルスと色々と話をしたんです」と教えてくれました。チーム側は無理をさせたくないでしょうが、本人がどんな考えなのかを確認しておきたい。私は一平に「じゃあ、少し話をするよ」と言い、翔平の戻りを待ちました。

北海道日本ハムファイターズ当時からの師弟関係と見られるためか、私と翔平は絶えずコミュニケーションを取っていると思われがちです。これが決してそうではなく、言葉のやり取りは必要最低限と言っていいぐらいです。

この場面でも、「翔平、身体は大丈夫か?」と聞くと、「はい、まあ」との答えでした。

「疲れは溜まっていないか?」

「大丈夫ですね」

「じゃあ、いける感じ?」

「まあ、あとは身体の張りがどれだけ取れるかだけですね」

これで終わりなのです。エンゼルスとどんな話をしているのか、彼は切り出してきませんでした。ということは、聞かないほうがいいのでしょう。私も触れませんでした。

それでも、決勝に勝ち進んだらマウンドに上がると確信しました。

短い会話を終えると、翔平は練習に戻っていきます。楽しそうでした。思うように身体を使って野球ができているときほど、彼は楽しそうで、嬉しそうなのです。

WBCのエンディングへ向かって、私のイメージが膨らんでいきます。

その日の夜にノートを開いた私は、稲盛和夫さんの有名な言葉を書きました。

「現実になる姿が、カラーで見えているか」というものです。

準決勝はこんなメンバーで戦い、こんな展開で勝ち上がる。そして決勝にはこのメンバーで臨み、早い回に先行したらこう、同点のまま進んだらこう、追いかける展開ではこう、と、あらゆるシチュエーションを想定していきます。想定して、その先をさらに想定する。こうなるためにこうする、という願望を積み上げていくと、現実になる姿が輪郭を帯びていき、白黒の画面が鮮やかな色で染まっていきます。

森信三先生は『修身教授録』のなかで、「とにかく人間は徹底しなければ駄目です」と気づかせ、「しゃにむにやり通すか否かによって、人間の別が生じるのです」と教えます。

七割か七割五分あたりで辛くなってくるけれど、フラフラになってもぶっ倒れるまでやり抜く。その頑張りが最後の勝敗を決するのだ、と言います。

実際に倒れてしまったら、会社の同僚や家族、友人が心配してしまいますが、人生の勝負どころではそれぐらい頑張っていいのかもしれません。

私自身は色つきの画像にとどまらず、カラーの動画で見えるぐらいまで考え抜きます。

準決勝を前にした私は、優勝した瞬間の映像をくっきりと思い浮かべることができていました。

剛《ごう》毅《き》木《ぼく》訥《とつ》、仁に近し

準決勝の対戦相手メキシコは、これまでとはまったく違いました。

1次ラウンドでアメリカに打ち勝ち、グループ首位で準々決勝へ勝ち進み、プエルトリコに逆転勝ちしました。短期決戦に必要な勢いをつかんでいる、と言うことができました。

スタジアムはメキシコのファンで埋め尽くされています。サッカーにたとえるなら完全なるアウェイゲームの雰囲気ですが、ホームかビジターかはそれまでの勝率で決まります。

ここまで全勝の我々がホームのユニフォームを着用し、後攻となります。先発ローテーションの4人のうち、翔平とダルは準々決勝で投げましたので、この試合は佐々木朗希と山本由伸の2人を投入して勝ちにいきます。

先発は佐々木にしました。投手にはマウンドに上がるまでのルーティンがあり、先発投手は試合前に遠投をしたりします。これが2人目以降になると、試合中なので遠投はできません。それ以外にもできることが限られてしまい、ルーティンが崩れることで苦しむ投手を見てきました。

また、2人目以降で投げる投手には、リリーフの経験があるかどうかも必要な要素になります。そこで、抑えの経験もある山本を2人目とし、先発は佐々木にしました。

立ち上がりからボールの強さは抜群でした。メキシコの攻撃のキーマンである先頭打者のランディ・アロサレーナを、ストレートで空振り三振に仕留めました。2番打者はレフトフライ、3番打者は三振で、初回を「0」に抑えました。佐々木らしい立ち上がりです。

試合が始まると、アウェイ感がさらに増した印象です。ここまで一方的にメキシコを応援するのか、という感じです。

選手の皮膚感覚は分かりませんが、私自身は居心地が悪くありません。スペイン語がほとんど分からないからかもしれませんが、東京ドームとあまり変わらないのです。プレーしづらい、という空気はありません。

メキシコの先発は、予想どおりサンドバルでした。エンゼルスでは突如として四球で崩れることがありますが、この日は初回から良いボールを投げていました。ラーズ・ヌートバー、近藤健介、翔平が3者連続三振に打ち取られました。

3者三振のスタートに特別な価値はない、というのが私の考えです。調子が良いときほど、エアポケットのようなものが生まれがちだからです。ファイターズを指揮していた当時は、3者凡退なら3連続三振のほうがいい、そうしたら相手にスキが生まれるかもしれない、と思うこともありました。

2回表は1アウト1、2塁とされますが、併殺でしのぎます。その裏の攻撃では、先頭の吉田が中前打で出塁しました。しかし、こちらも併殺で3人で攻撃が終わります。

3回はメキシコ、日本ともに三者凡退です。まさにがっぷり四つと言っていい序盤戦を経て、4回表に試合が動きました。テンポ良く2アウトを取ったのですが、守備シフトが裏目に出る安打と、3塁後方に落ちる不運な当たりで2アウト1、2塁となります。

ここで6番のルイス・ウリアスに、甘く入った変化球をレフトスタンドへ運ばれてしまいました。まさに1球に泣くという点の取られかたです。

我々の打線も、点を取る力はあります。0対3とされた4回の裏、2アウト1、3塁の場面を作ります。メキシコとまったく同じ状況です。

打席に立つのは村上宗隆です。ここで打ってほしいという場面で期待に応える彼を、何度も見てきました。それこそが村上らしさなのですが、第1打席と同じ三振に倒れます。

メキシコに先行された直後に追いつけば、試合の流れを引き戻すことができます。村上もそれは十分に理解していたはずで、だからこそ三振に倒れたことは悔しかったでしょう。責任感の強い選手だけに、次打席以降のバッティングが強引にならなければいいのだが、と願うばかりでした。

私自身は『論語』の「剛毅木訥、仁に近し」の心境でした。とりわけ、メキシコに恐れることなく立ち向かい、この苦難を耐え忍んで勝利へ邁進するという意味で、「剛」と「毅」の二文字を強く意識していました。

この回は得点機を生かせませんでしたが、この4回裏の攻撃は5回以降の攻撃につながっていく。いや、つなげていく。そうなるようにチームを導くのが私の仕事です。

森信三先生の『修身教授録』にも、「プラスマイナスは裏表」と書いてあります。表面上は不幸に見えるものにも、その底には深き真実が与えられている、と説きます。深き真実とはつまり、次のチャンスへつなげるべきヒントでしょう。

チャンスを逃してしまう場面は、スポーツに限りません。そんなときはどうしても、思考回路がマイナスになってしまいがちです。弱気が首をもたげてきたり、自分を責めたりしてしまいますが、チャンスは一回ではないでしょう。すぐには巡ってこないかもしれないし、一回目より難しくなるかもしれないけれど、どこかで挽回の機会は訪れるはずです。

そこでまた、チャンスを生かせないのは悔しい。それは絶対に避けたい。手のひらをきつく握りしめて、こぶしの内側に怒りを閉じ込める思いを繰り返したくなくて、私は次のチャンスへ準備していきます。

天の時は地の利に如《し》かず、地の利は人の和に如かず

5回表から投手を交代します。佐々木から山本へスイッチしました。最初の打者を三振に取る素晴らしい立ち上がりです。この回を「0」で抑えます。投手陣が踏ん張ってくれている間に、1点ずつ返していく。そんな思いで戦況を見つめています。

5回裏の攻撃は、6番の岡本和真からです。2球目を叩いた打球が、レフトへ向かって

放物線を描きます。

いった、入った！

ベンチの選手たちが身を乗り出した刹那、レフトのランディ・アロサレーナにフェンス越えの打球をもぎ取られてしまいました。彼はメキシコのキーマンで、乗らせると厄介です。キャッチ後はメキシコのファンにお馴染みの〝腕組みドヤ顔ポーズ〟をして、スタンドを盛り上げました。

我々にとっては、嫌な空気が流れています。

続く山田がシングル安打を放ち、源田壮亮が四球を選んで1アウト1、2塁とします。ここは勝負どころです。9番の中村に代えて、牧秀悟を代打で起用します。メキシコもすかさず継投してきます。

1本出ればという場面ですが、牧は内野ゴロに倒れます。その間にランナーが進塁して2アウト2、3塁となり、次打者のヌートバーが四球を選んで2アウト満塁となります。ここで近藤は、レフトフライに倒れました。良い当たりだったのですが、アロサレーナの守備範囲でした。

6回表のメキシコの攻撃は、山本が三者凡退で抑えました。球数も多くなく、良いリズムで投げてくれています。

6回裏の攻撃は、3番の翔平からです。レフトへはじき返して出塁します。4番の吉田は内野ゴロに打ち取られ、5番の村上は3打席連続の三振と、打線がつながりません。それでも、岡本と山田が四球を選んで、2アウト満塁になります。

今回のWBCでは四球が高確率で得点につながっています。

打者は源田です。骨折をおして試合に出ている彼が快音を響かせれば、チームを奮い立たせることができる。まずは1点でいい。1点取れば、流れを変えられる。

し、しかし……。あと1本が出ません。4回、5回、6回と塁上に走者を溜めているのに、本塁に迎えることができないのです。

試合の流れとしては、完全にやられるパターンでした。

攻守が切り替わる短い時間に、私の頭のなかで様々な言葉が駆け巡ります。

『易経』の「窮すれば、すなわち変ず。変ずれば、すなわち通ず」の心がけを自分に言い聞かせ、『論語』の「力足らざる者は中道にして廃す。いま汝《なんじ》は画《かか》れり」から、自分で自分を見限るな、自分たちの力を見限るなと、自らを叱咤します。そしてさらに、『孟子』の「天の時は地の利に如かず、地の利は人の和に如かず」が、頭に浮かびました。

天が与えてくれた世界一奪還の好機は、自国に近いメキシコに地の利があるのかもしれません。けれど、侍ジャパンの結束力はこういった苦しい試合でこそ発揮されるのだ、と。

幾は動の微にして、吉凶の先ず見《あらわ》るるものなり

慌てるな。挽回のチャンスは必ず来る。そして、必ず流れを変えられる。

考えろ、考えろ。焦るな、焦るな。

ベンチで戦況を見つめながら、知識と経験と勝負勘を総動員して、好機を逃さないようにします。

2番手の山本は、7回表も3人で打ち取りました。1本のヒットも許さずに「0」を並べてくれている。2人目でマウンドに立つ先発投手の難しさを、まったく感じさせません。リードはされているものの、守りからリズムを作ってくれています。

この回は1アウト1塁で打者が三振し、1塁走者が盗塁を試みました。判定はセーフだったのですが、微妙なタイミングなので「リクエスト」をしました。映像で確認をしてもらうもので、判定が覆ってアウトになったのです。遊撃手の源田が走者の動きに合わせて、巧妙にタッチをしてくれました。

とにかくできることはすべてやる。そして、天命を待つしかないのです。

7回裏の攻撃が始まります。先頭打者は9番の甲斐拓也で、代打を出すという選択肢が頭を過《よぎ》りました。しかし、ここで動かなくてももう一度チャンスは来る。甲斐には9回にもう一度チャンスで打席が回ってくる、代打を出すならそこだろうと判断しました。

甲斐と1番のヌートバーが打ち取られ、近藤がヒットで出塁しました。ここでメキシコは、右投手から左投手に代えてきました。

ジョジョ・ロメロという投手はボールにキレがあり、投球フォームが左打者に厄介だと映りました。それでも、翔平が四球を選んで2アウト1、2塁とします。

4番の吉田はこの日2安打を記録していますが、左対左となるロメロとの対戦は簡単ではありません。しかし、この厳しい場面で、大きな仕事をしてくれました。

追い込まれたあとの難しいチェンジアップを、巧みなバットコントロールで拾います。うまくすくいあげた打球が、ライトのポール付近に上がります。

ベンチの自分の位置からは、入ったのかファウルなのかがはっきりと見えません。ただ、メキシコの右翼手ががっくりと頭《こうべ》を垂れたので、本塁打だと分かりました。

3対3の同点です！　ひとまず、胸を撫《な》で下ろしました。

それにしても、あのボールをあの打ちかたでライトポールの内側に運ぶとは！　吉田のバッティングに、大げさでなく度肝を抜かれました。それほど芸術的なホームランで、瞳の奥深くにまで刻まれました。決して忘れることはないでしょう。

3対3の同点になって、試合は振り出しに戻りました。じっくりと腰を据えて、試合に臨むことができます。

このとき、自分は何を考えていたのか。

ノートを読み返すと、動くタイミングに神経を研ぎ澄ませていた自分がいます。

『易経』には「兆し」の大切さが繰り返し記されています。『栗山ノート』の第1章で紹介した「霜を履《ふ》みて堅氷《けんぴょう》至る」や、この本の第5章で紹介した「至るを知りてこれに至る、ともに幾を言うべきなり」に加えて、「幾は動の微にして、吉凶の先ず見るるものなり」というものがあります。

「幾」とは物事が変化する兆しを意味します。物事が動くまえには、必ずそれを知らせる兆候があります。

兆しを見通すためには、いままさに取り組んでいるものに集中しなければなりません。ちょっと行き詰まったからとか、気分転換になどと自分を甘やかして、スマートフォンに手を伸ばしたり、SNSをチェックしたりすると、集中力が削がれてしまいます。仕事でも勉強でもメリハリをつけつつ、集中するときは目の前の仕事や勉強から目を逸らさないことが大事です。

忍の極致

5回から登板している山本は、8回が4イニング目となります。調子はすこぶる良いので、8回はもちろん9回まで任せていいものか。

ただ、追いついた直後にまた試合が動く、ということがあります。8回表の1アウト後、アロサレーナに2塁打を打たれました。続く2番打者にも2塁打を打たれ、3対4にされてしまいます。

さらに安打を許して、1アウト1、3塁です。

侍ジャパンの四本柱の山本に任せるのか。

それとも、22年のセントラル・リーグで、最優秀中継ぎのタイトルを手にした湯浅京己《ゆあさあつき》に代えるべきか。阪神タイガースでセットアッパーを務める彼は、こういった場面をしのぐ度胸があります。

とにかく、この場面は三振がほしい。山本には「すまん、代えるよ」と声をかけました。

選手のことを思えば思うほど、思考が結果重視へ向かっていくのは、私が貫くべき誠意です。それが、侍ジャパンの戦いかたでもあります。手遅れだけは絶対に避ける、と決めています。

交代した湯浅は、最初の打者を三振に打ち取りました。しかし、続く打者に三遊間を破られ、1点を失いました。これで3対5です。

2点を追う8回裏、メキシコは投手を代えてきました。

先頭打者は岡本です。とにかく塁に出てほしい場面で、死球で出塁してくれました。7番の山田哲人も安打で続きます。

山田は17年のWBCや21年の東京オリンピックでも、侍ジャパンの一員として戦いました。経験と実績を兼ね備えた選手ですが、今回の侍ジャパン入りには慎重でした。ここ数年は自身が納得できる成績を残せていなかったからです。選考の過程では、「いまの自分の状態で、本当に貢献できるでしょうか」と打ち明けられました。

私自身は「哲人ならできる」と考えていました。侍ジャパンの一員として世界一を目ざすことは、彼にとっても大きな刺激になる。それが、ヤクルトスワローズでの復活にもつながるはずだ、と信じていました。

果たして、このメキシコ戦では2安打の活躍です。厳しい状況になるほど、地力というものが発揮されるのでしょう。

ノーアウト1、2塁で、8番の源田です。ここは送りバントで確実に走者を進めたい。ところが、なかなか決まりません。2ボール2ストライクとなります。

源田の足を考えると、内野ゴロでもダブルプレーになる可能性は少ない。ただ、残り2イニングです。ここで走者を進塁させられないと、精神的なプレッシャーが大きくなります。

森信三先生の『修身教授録』に、「忍の極致」という教えがあります。

「忍」にはしのぶ、こたえる、耐える、我慢するといった意味がありますが、忍耐も堪忍もそれが当然だと思えば、「耐える」という感覚は薄れていく。やがてはそれが当たり前になり、「耐えている」という感覚が身体から抜け落ちていくのです。

源田に3バントのサインを出すのは、「忍耐」や「覚悟」が必要だったのか？　試合の行方を大きく左右する場面ですが、私は源田が成功するイメージを描いていました。白黒ではなくカラーで描くことができていました。「忍の極致」にあったのだと思います。

バントで送ると決めたんだ。最後までその狙いでいこう、と。

源田は3バントを決め、1アウト2、3塁となりました。9番の甲斐に代わって、山川穂高を代打で送ります。絶好の場面で最高の交代カードを切ることができました。

2球目をとらえると、ライナーの一打がレフトを襲います。犠牲フライで1点にとどまりましたが、1点差に詰めて最終回の攻防へ突入しました。

未《び》済《せい》は亨《とお》る

9回表には、クローザーの大勢を投入しました。1アウトから遊撃手の後方へ、難しい打球が上がります。源田が後ろ向きの体勢でキャッチしました。

「絶対にボールを離さない。つかんでやる。いいですか、みんな、この試合絶対につかみますよ！」

そんなメッセージが込められた、素晴らしいプレーでした。

2アウトから死球で走者を出しますが、続く打者を三振で仕留めます。

さあ、最終回の攻撃です。相手がクローザーを出してくると、焦り、恐怖、困惑といった感情がまとめて襲いかかってくるものです。ところが、この場面は違いました。

このまま1点差でやられてしまうイメージはありません。明確な根拠はないものの、やってくれるという思いが、私のなかで力強く立ち上がっていました。

およそ3万6千人の観衆が集まっているスタジアムで、自分だけがものすごく静かなところにいる感覚です。ゾーンと呼ばれる境地に、入っていたのかもしれません。

先頭打者は翔平です。ここで彼が打ったら追いつける、逆転できる。打ち取られたら危うい――ほとんどの人がそう考えていたのではないでしょうか。

翔平は高めに入ってきた初球をシンプルに叩き、打球は右中間を破ります。心のなかで手をぐるぐると回しました。3塁打、3塁打、3塁打にしろ、と。それは少し欲張り過ぎですが、ノーアウト2塁のチャンスです。

翔平は2塁上で雄叫びをあげました。ベンチのみんなが翔平に応えます。

続く吉田は、初球からボールをしっかりと見定めていきます。ホームランを打ったあとの打席ですが、強引さはありません。3ボール1ストライクからボールを選び、四球で出塁しました。

吉田に代わって、周東佑京を代走に送ります。ヒットが出たら一気に本塁へ生還して逆転、という準備を整えました。

次打者は村上です。今日はここまで4打数無安打の3三振です。内容が良くありません。ノーアウト1、2塁ですから、送りバントで走者を進塁させていい場面です。私は城石憲之内野守備・走塁兼作戦コーチに聞きました。

「マキ、大丈夫だね？」

城石は数秒間を置いてから、「はいっ！」と答えました。「はい」ではなく、「……はい」でもないのです。

この時点で、ベンチに残っている野手は牧原大成ひとりでした。私は9回表の段階で、城石コーチに「裏の攻撃でランナーが2人出たら、マキに送りバントをしてもらう」とあらかじめ話していました。城石コーチも事前に牧原に伝えていたのですが、そこでの反応が芳しくなかったのでしょう。

それも当然だったかもしれません。8回表の攻撃で、源田が送りバントを2度失敗しました。試合に出続けている源田でも、送りバントを決めるのは難しいのです。ましてや牧原は、代打バントに慣れているわけでもありません。自分の現役時代を振り返っても、代打バントはプレッシャーを感じるものでした。

慌ただしく次の一手を考えながら、私はふいに「何を悩んでいるんだ」と自分を一喝しました。

村上を信じるべきだろう。この状況は彼に任せるんだ！

勝負の「際」となるこういった場面は、リスクを取らないと大きなリターンは得られません。あとは、野球の神様が決めてくれる。

相手投手のジオバニー・ガジェゴスは、ボールが高めに浮いています。

1球目はファウル、2球目はボールでした。迎えた3球目は、ストレートが甘く入ってきました。力強い打撃音が、スタジアムに響きわたります。鋭い打球が中堅手の頭上を越えて、フェンスを直撃します。ベンチから全選手が飛び出して、全員が右手を、左手を、ぐるぐると回している。

翔平、帰ってこい！　周東、帰ってこい！　よし、よし、よーしっ！

ムネ、良く打った！

こんな終わりかたがあるのでしょうか。こんな終わりかたは、誰も考えられません。それまでの打撃内容を考えると、打てるとは考えにくい。けれど、打ってみせた。村上は本当にすごい打者です。

ムネ、よく打ってくれた——私はただただ、感動していました。

試合が終わってホテルへ戻っても、身体は熱を持っています。興奮が居座っています。

それでいて、とても冷静でした。

9回裏の時点で、1点差で負けている。普通なら焦ります。けれど、この日はまったくと言っていいほど焦らなかった。慌てなかった。感情よりも使命が先行していた、と言うべきでしょうか。

あるいは、『易経』にある「未済《びせい》は亨《とお》る」の心境だったかもしれません。未済とは未完成や未熟な時を指し、「未済は亨る」とは未完成が完成に至ることで、これではダメだと自分の未熟さに目覚めたときから、完成への道が開けていくという意味を持ちます。

22年シーズンに3冠王に輝いた村上ですが、まだまだ伸びしろをたっぷりと残しています。自分に足りないものを見つけていくことで、もっとすごい打者になる。チームを決勝へ導いたサヨナラ打は、彼にとって新たな希望を見出したことでもあったのだろう、と思うのです。

人生の答え合わせ

アメリカへ着いてから数日は、時差ボケに悩まされました。アメリカにいても体内時計は日本のままで、朝から音楽を聴いていました。

試合後に音楽を聴くことはありますが、日中はその日の試合について考えているので、基本的に音のない生活を過ごしています。私自身にとってはレアなケースで、さだまさしさんの『案山子《かかし》』と、中島みゆきさんの『銀の龍の背に乗って』を、繰り返し流しました。

さだまさしさんの楽曲は、学生時代から聴いていました。プロ野球選手になりたかった当時の自分を思い出して、まさか自分が侍ジャパンの監督になり、本場でアメリカと勝負することになるとは、との感慨が湧き上がってきました。

中島みゆきさんは北海道出身なので、北海道に住んでからはそれまで以上に聴くようになりました。『銀の龍の背に乗って』を聴いていると、監督としての自分の非力さや拙《つたな》さを痛感させられて、自己嫌悪のらせんに陥ってしまいます。それではいけないと別の自分が立ち上がり、いまこの瞬間の幸せを噛み締めました。

小学校から野球に打ち込んで、中学時代にアメリカのチームと対戦しました。こちらは関東選抜で、あちらは単独チームだったと記憶していますが、「強いな」と感じたことを覚えています。

それ以降は、高校でも、大学でも、プロに入っても、大舞台で思う存分野球をやった記憶はありません。いつも壁に打ち負かされ、いつかきっと、いつか必ず、と思ってバットを振り、ボールを追いかけました。

ファイターズの監督を拝命してからは、大好きな野球を存分に戦える舞台に立つことができました。しかし、当然のことながら勝負の世界は厳しく、最後の3年間はBクラスが続き、のたうち回るように監督生活を終えました。

森信三先生は「すべてためになる」と言います。苦しみは学びとなり、夢の舞台に立つために情熱をたぎらせ、知恵を働かせて前へ進みます。

自分にとっての夢の舞台に立って、どんな景色が広がっているのか見てみたい。年齢を重ねてもそんな思いは強くなり、ついにＷＢＣの決勝という夢舞台で、アメリカと戦うことができる。

多くの先輩方がメジャーリーグに追いつけ、追い越せとやってきたからこそ、日本野球のいまがあります。先人たちが踏み出し、踏み固めてくれた道があるからこそ、私たちは野球に魅せられ、打ち込み、人生を懸けることができた。

だからこそ、黄金の好機とも言うべきこのチャンスを、逃してはいけない。

23年の1月1日のノートに、「ＷＢＣは人生の答え合わせになる」と書きました。ファイターズの監督としての10年間は、果たして何だったのか。ＷＢＣを戦うことで、あれだけ苦しんだ意味が分かるのではないかと考えたのです。その答えを、しっかり感じ取って、記憶に刻み付けよう。

いよいよ、その日がやってきます。

宿題を残す

準決勝から決勝までの間に、いくつか解決しなければならないことがありました。

ひとつ目は、村上の打順です。

私がカラーで見てきた現実になる姿は、「4番、村上」でアメリカを倒すというものでした。翔平や吉田は色々な経験を積んできて、何番で打っても微動だにしない自己が確立されています。23歳の村上にはWBCを経て彼らと並び立ってほしいので、4番でチームを勝たせることで彼自身のステージをさらに上げ、日本球界を引っ張っていく存在になってほしい、と考えていました。

調子そのものは上がりきっていないけれど、前夜のサヨナラ打は間違いなく好転のきっかけになります。

彼にとってベストの起用法は4番に戻すことなのか、それとも5番のままなのか。深夜まで答えは出ず、ベッドに入っても煩悶は続きます。

答えが出たのは翌朝に目が覚めて、脳がすっきりしたときでした。第4章でふれた渋沢栄一さんの「成功と失敗は、心を込めて努力した人の身体に残るカスのようなもの」という言葉から、今回のWBCでの成功は気にしなくてもいいのだろうと考えました。

そのうえで、「大善は非情に似たり」の姿勢を取るべきだと決めました。4番に戻すよりも悔しい思いをさせたままのほうが、村上宗隆という選手にとって将来的にプラスになる、と考えました。

4番から5番へ落としたときはLINEで通話をしましたが、今回はメールで「このまま5番でいきます。ムネに宿題を残します」と伝えました。

決勝戦で活躍をすることになっても、「4番ではなく5番だった」という事実が残ります。残された宿題は、成長への糧《かて》になる。「終わり良ければすべて良し」と言われることがありますが、たとえば入社したばかりの社員や成長過程のスポーツ選手には、次の仕事や大会につながる宿題を、つまり課題を与えていいのでしょう。

それは、成長の養分です。

慎《しん》独《どく》

打順は決まりました。次は投手です。

先発は今永とし、細かく継投していきます。現在の調子から考えて、投げてもらう順番を決めました。

あとは、翔平とダルです。

翔平については、2日前の会話で必ずいくと信じていました。

ダルについては、待つしかありません。

球場入り後、吉井投手コーチから報告がありました。

「監督、ダルが『いきます』と。順番はどうしますか?」

2人で話をして、ダルは8回に決めました。翔平は9回の登板を基本として、打順の巡りや試合展開を睨《にら》みながら、7回以降まで可能性を広げておく。最終的には、試合前に本人と話をして決めることにしました。

2016年のクライマックスシリーズ第5戦で、翔平に抑えでマウンドに上がってもらいました。日本人最速の165キロを記録して、三者凡退で締めくくった試合です。この試合の彼は指名打者で出場していたのですが、ベンチの近くにブルペンがあったので、試合展開を見ながら肩を作ることができました。

今回は、そうもいきません。ブルペンがレフトの後方にあるのです。ベンチとブルペンの動線を調べると、グラウンドに出ないでブルペンまで行けるルートを見つけました。10メートルほどお客さんが歩くスペースを通らなければならないのですが、この動線を使える確認はしておきました。

あとは、翔平がどうやって肩を作るのか。試合前にやるべきことが多く、練習中にゆっくり話す時間を取れませんでした。慌ただしくブルペンとイニングの話をすると、翔平は力みのない口調できっぱりと言いました。

「大丈夫です。肩を作るのは自分でやりますので、気にしないでください。監督が思っている9回に合わせます」

翔平なりのイメージは完全に出来上がっている。それは、私が考えているものと寸分違わず重なり合っています。

ビハインドを大きく背負う展開では、ダルと翔平を無理に登板させることはできません。追いかける展開だとしても1、2点差です。

必ずリードして終盤へ持っていく。何としても2人につなぐ――そんな言葉が心に浮かびました。

私自身も試合前の準備を進めていると、岸マネジャーがスマートフォンの写真を見せてくれました。今日これから投げる投手たちに、翔平がアメリカの打者の映像を見ながら、傾向と対策をレクチャーしてくれているひとコマでした。誰かに頼まれたからではありません。翔平自身がみんなの役に立ちたい、と考えたからでした。

一枚の写真を見つめる私の胸に、儒教の経書『大学』に収められている「慎独」の二文字が広がりました。「誰も見ていないところでも心正しく、雑念を抱かずに行ないを慎む」というものです。侍ジャパンの監督を引き受ける以前から、大事にしている言葉です。

若い投手陣にアドバイスする翔平は、まさしく「慎独」の精神に包まれていました。

確乎《かつこ》不抜《ふばつ》の志

試合前のスタメン発表の前に、選手たちにしっかりと伝えたことがあります。

「この強いアメリカに勝つために、みんなに集まってもらいました。普通に力を発揮してくれれば、我々のほうが強いです」と言いました。

それから練習へ向かい、試合直前に翔平に話をしてもらいました。侍ジャパンを応援してくれるみなさんが広く知ることになる、あの名言が飛び出した瞬間です。

「僕からはひとつだけ、憧れるのはやめましょう。ファーストにゴールドシュミットがいたり、センターを見たらマイク・トラウトがいたり、外野にムーキー・ベッツがいたり、野球をやっていたら誰しもが聞いたことのある選手たちがいると思うんですけど、今日一日だけは憧れてしまったら超えられないので、僕らは今日超えるために、トップになるためにきたので、今日一日だけは彼らへの憧れを捨てて、勝つことだけ考えていきましょう。さあ、いこう！」

実は試合前に、こんなことがありました。

通訳の水原一平が、ボールを3ダースほど抱えて監督室の前を通りました。私の視線に気づいたのか、一度は通り過ぎたものの戻ってきます。彼が抱えているのは、マイク・トラウトのサインボールでした。トラウトと翔平はエンゼルスのチームメイトで、一平も知り合いということで、サインボールをお願いされたのだと聞きました。

そういうことも踏まえたうえで、翔平は「憧れるのをやめましょう」と問いかけたのでしょう。

『易経』の教えに「確乎不抜」というものがあります。意思や精神がどっしりとして、何事にも動じないさまを表わしています。

アメリカという巨大な敵を前にしても、怯まず、臆さず、気後れせず、ためらわず、敢《かん》然《ぜん》と立ち向かっていく。翔平のひと言は、侍ジャパンの原点とも言うべきスピリットを呼び覚ましてくれました。

難しい仕事を担当することになったり、強いチームと対戦することになったりすると、気持ちがもやっとしたり、重圧が肩にのしかかってきます。そんなときこそ、「確乎不抜の志」で挑みませんか。

『易経』はいまから3000年も前に成立した思想です。それだけ長く受け継がれてきたのですから、たくさんの人を救い、勇気づけてきたに違いありません。きっとあなたも、そのひとりになれるはずです。

さあ、いこう！

試合に先立って、入場セレモニーがありました。侍ジャパンがレフトポールから、アメリカがライトポールから、ホームベースへ向かって行進していきます。歩き出すまでには、少し時間がありました。旗手の翔平が先頭で、そこからは打順どおりに並ぶのでヌートバーがいます。

彼らが楽しそうに話しています。

世紀の大一番と言ってもいい試合ですから、過緊張になってもおかしくない場面です。ところが、翔平も、ヌートバーも、その他の選手たちも、わくわくを抑えきれないようなのです。ついにアメリカをやっつけられるという興奮が、身体のなかから流れ出ているようでした。

全身がしびれるような勝負がしたくて、彼らは野球をやっているのでしょう。選手たちがとても頼もしく、私自身もわくわくしてきて、「翔平、写真でも撮るか！」とスマートフォンを取り出しました。

普段なら絶対にこんなことはしません。選手にマイナスになりそうな言動は徹底的に排除するのですが、何があっても悪影響がないぐらいに集中していて、これから始まる勝負に胸を躍らせているのが伝わってきたので、その表情を写真に収めてもいいと判断したのです。

私から翔平に写真を撮ろうと言ったのは、これが初めてでした。北海道日本ハムファイターズと侍ジャパンの監督という立場で12年もの時間を過ごして、一番自然に振る舞った瞬間だったかもしれません。

両チームが入場して、アメリカと対峙して、国歌を聴く。アメリカ国歌を聴きながら、私も興奮のバロメーターが一気に上がりました。

この勝負のために、ずっと野球に関わってきたんだ。

60歳を過ぎて、やっとアメリカと本気でぶつかることができる。

プレッシャーはありません。嬉しくて、嬉しくて、早く試合をしたい、と思っていました。

試合に向かう直前は、難しい言葉は頭にありませんでした。真っ新《さら》な心のページには、さあ、いくぞ。さあ、いこう、と書き込まれました。

現地時間3月21日、19時25分、アメリカの攻撃から試合が動き出しました。

子、四《し》を絶つ。意《い》なく、必《ひつ》なく。固《こ》なく、我《が》なし

アメリカに弱点があるとするなら、先発投手と言われていました。打者に比べると投手力が見劣りするということですが、セットアッパーから抑えへつなぐ勝ちパターンは持っています。とにかくリードして終盤へ、というのが我々の理想とするゲームプランでした。

先発の今永は、緊張感に包まれていたでしょう。それでも、良いボールを投げています。先頭打者を打ち取りますが、2番のトラウトにはライト線へ運ばれました。トラウトはヘッドスライディングで2塁を陥れ、送球が逸れると3塁を狙おうとします。そして、塁上でガッツポーズを取りました。

トラウトほどの選手がプライドをかなぐり捨て、チームの勝利のためにすべてを懸ける。アメリカがこの試合に注ぐ熱量の大きさを、はっきりと意識することができました。これこそがWBCの決勝であり、間違いなく難しい試合になると感じた瞬間でもありました。

1回は両チームともに無得点に終わり、2回表を迎えました。1アウトから6番のトレイ・ターナーに本塁打を浴びます。アメリカの窮地を救ってきた絶好調の遊撃手にスタン

ドを沸かされますが、今永はこの1点で切り抜けます。2本のヒットを許して2アウト1、2塁となりましたが、これ以上の失点を許しませんでした。

その裏の攻撃は、5番の村上からでした。先発のメリル・ケリーの初球を叩くと、特大の本塁打が右中間スタンドに吸い込まれました。

この一発が持つ意味は大きかったでしょう。すぐに同点としただけでなく、本塁打で追いついたことで、パワーを含めて対等の勝負ができるという雰囲気が作られました。

好調をキープしてきた岡本がヒットで続き、源田もレフト前へ運びます。さらに中村が四球を選び、1アウト満塁となりました。

アメリカはここで継投します。ヌートバーに左投手を当ててきました。ヌートバーの内野ゴロの間に、岡本がホームベースを踏んで2対1と勝ち越しました。

3回からは我々も継投します。今永から戸郷へつなぎました。2番のトラウト、3番のゴールドシュミットを打ち取って2アウトを取りますが、4番、5番を四球で歩かせてしまいます。2アウト1、2塁で、絶好調のターナーが打席に入りました。この選手に回してはいけないという意識が強く働き、戸郷の制球が微妙に乱れたと考えることができました。

ここで、戸郷が本領を発揮します。気持ちで押し込まれることなく攻め続け、フォークボールで空振りの三振に打ち取りました。私も思わずガッツポーズをしました。

戸郷は4回も三者凡退で仕留め、役割を果たしてくれました。その裏、貴重な追加点が生まれます。先頭の岡本が、レフトスタンドへ運びます。この1点は大きい。3対1と2点リードで、中盤へ向かうこととなりました。

ここまでのところ、選手たちに油断はありません。ベンチには良い意味での緊張感があります。

あとから振り返ると、この時の私は『論語』の「子、四を絶つ。意なく、必なく。固なく、我なし」を意識していたかもしれません。独断的な思い込みを廃する。必然性のない無理な選手起用をしない。自分なりのプランに執着しない。自己中心的ではなく、相手の心理にも想像を働かせて相対的に動く。

わずかな機微を見逃さないように集中しながら、5回以降の戦いへ挑みます。

敢為《かんい》

5回は髙橋宏斗《ひろと》をマウンドに送り出しました。3対1とリードを広げた直後ですから、失点してはいけないというプレッシャーがかかっているはずです。それでも、良いボールを投げています。

先頭打者のベッツは、打ち取ったものの内野安打となりました。いきなりランナーを背負いましたが、続くトラウト、ゴールドシュミットから三振を奪います。しかし、4番のノーラン・アレナドに安打を許して2アウト1、2塁となります。

5番のカイル・シュワーバーには、3ボールノーストライクとカウントを悪くしてしまいます。今大会でしばしば得点につながっている四球は避けてほしい。

紛れもない勝負どころです。打者も狙い球を定めて、強引にでも打ちにくるカウントです。

頼む、抑えてくれ——さすがに、ここは祈りました。

シュワーバーはタイミングを合わせて、フルスイングしてきました。少しだけボールを擦ったように見えた打球は、センターフライでした。髙橋が気持ちで押し切りました。試合の行方を左右する大きな場面をしのぎ、「いける」と感じた瞬間でもありました。

6回は伊藤大海につなぎました。中国戦、イタリア戦に次いで3度目の登板になりますが、彼は状態が良く、この日も三者凡退に打ち取ってくれました。渾身のボールを投げ続けた結果でした。

6回裏は2アウトから山田、源田、中村が四球を選んで満塁になります。

この時でした。サードのアレナドが、首を横に振ったのです。アメリカからすれば1対3で試合が推移しており、なかなか得点できない苛立《いらだ》ちがあり、自滅するように塁上に走者が埋まっていったことで、こんなことではダメだという思いがこぼれ出てしまったのかもしれません。

日本人に比べて感情表現がストレートなのは分かりますが、こうした些細な感情の吐露から、チームとしての一体感にはヒビが入っていくものです。

いけるかもしれない。だからこそ、ここで4点目を取って突き放したい。

しかし、そこはスター軍団のアメリカです。ヌートバーはライトフライに倒れ、3対1のまま7回へ突入します。

投手は伊藤から大勢《たいせい》へつなぎました。先頭打者を四球で歩かせ、1番のベッツにフォークボールを痛打されます。

ノーアウト1、2塁でトラウトが打席に入りました。ここが踏ん張りどころだ、大勢、頑張れ！

トラウトをライトフライに打ち取ると、ゴールドシュミットにショートゴロを打たせて6—4—3の併殺プレーで3アウトチェンジです。ベンチにいる全員から、「よっしゃー！」の声が上がりました。

7回は1アウトから翔平が内野安打で出塁します。しかし、吉田の内野ゴロでダブルプレーとなり、追加点は奪えません。

先発の今永から戸郷、髙橋、伊藤、大勢と5人の投手をつなぎ、2点リードで終盤を迎えることができました。

中盤から終盤へ向かっていく私の心境には、「敢為」の二文字がふさわしかったでしょうか。困難に屈せずにアメリカに立ち向かう選手たちの姿は、「敢為の気象」に富んでいました。

納得する形で勝つ

7回裏の攻撃が終わると、球審に選手交代を告げました。

「ピッチャー、ダルビッシュ！」

ダルは11年シーズンのオフに、ファイターズからメジャーリーグへ旅立ちました。私はその年の11月からファイターズの監督に就任したので、入れ違いになってしまいました。

彼と一緒に野球をするのは、私にとって悲願と言っていいものでした。最高の試合のこんなにもしびれる場面で、ダルの名前を口に出すことができるのは、無上の幸せでした。

調子がいいかどうかは、ボールを見ればある程度分かります。最高のダルではなかったかもしれませんが、彼に投げてもらうことに迷いはありません。我々のチームがここまで勝ち上がることができたのは、ダルのおかげです。このチームはダルのチームとさえ言ってもいい。もし彼が打たれても、私は心から納得できると断言できました。

先頭打者を打ち取りますが、続くシュワーバーに一発を浴びました。3対2、1点差です。スタジアムを包む空気は、恐ろしいほどに張り詰めています。アメリカの威圧感も、それまでより明らかに増しています。

　続くターナーにもヒットされ、同点のランナーを出してしまいます。並の投手なら、逃げ出したくなるに違いありません。それでも、後続の打者を打ち取って、ダルは3対2とリードを守ってマウンドを降りました。どれほどのプレッシャーを、ダルが感じていたのでしょう。想像することはできますが、実感することはできません。

　準々決勝のイタリア戦はこちらの時間だと3月15日で、この日は21日です。ダルは「移動のスケジュールを考えると、イタリア戦から決勝までは中3日半のイメージですね」と話していましたが、それでもマウンドに上がってくれました。この回投げた18球に、ダルは投球術や間の取りかた、ボールの使いかたなど、現時点でできるすべてを注ぎ込んだのでしょう。

　チームファーストを貫いたために自分の状態を上げきれなくても、これだけ重圧のかかる場面をどうにかして切り抜ける。1点は失いましたが、ダルのすごみを感じました。

　WBCにおける侍ジャパンには、数々の名場面があります。私たちもいくつかの名場面を作ることができましたが、ダルと翔平でこの決勝を締めくくるのは、我々も、ファンのみなさんも、一番納得できる形でしょう。そのうえで勝つことで、このアメリカ戦が歴史になる、と考えていました。

尽己《じんこ》

8回裏の攻撃は、2アウトから山田が四球で出塁しました。山田は盗塁に成功して2塁へ進み、打者の源田はサードゴロを打ちました。源田はアウトになりましたが、微妙なタイミングだったのでリクエストをしました。

9回表に登板する翔平のために、時間を取ったのではと言われました。正直に告白して、そうではありません。ベンチからでは見えないことがあるのです。

1点を争う際どいゲームです。セーフの可能性があるのなら、リクエストをしないわけにはいきません。一人ひとりができることのすべてをやり尽くさなければ、勝利の女神は、いや、野球の神様は、絶対に勝たせてくれません。

私がリクエストをしたことで、翔平はむしろリズムを乱したかもしれません。ブルペンから出てくる足が、一瞬止まったように見えました。心のなかで翔平に謝りながら、でも、やり尽くさなければいけないことは分かってくれるだろうとも思っていました。

リクエストは認められず、8回裏の攻撃は終了しました。

私は球審に告げました。

「ピッチャー、大谷」

翔平をマウンドに上げた瞬間、DHは解除されます。他のポジションを守れば打席に立つことはできますが、投げながら打つことはできません。投げさせるタイミングを見定めたのはそのためで、抑えたら世界一という状況で送り出すのが理想です。1点差という厳しい状況ではありますが、リードして任せることができました。

さあ、翔平、頼んだぞ！

捕手の中村悠平とは、過去2度の登板でバッテリーを組んでいません。サイン交換の確認だけでもできたら、という話もありましたが、5回から1回にひとりずつ継投したので、そのための時間を確保してあげられませんでした。

それでも、与えられた条件で戦い抜くのが翔平です。私は心配していません。

危惧があったとすれば四球です。ここ一番で期待に応えるのが翔平ですが、気持ちが入り過ぎて、力み過ぎて、ということがファイターズ在籍時にありました。

監督とは、つねに最悪のケースも想定します。だからこそ四球を心配したのですが、アメリカでアメリカをやっつけるところまで来ているのです。この場面にふさわしいのは、「心配」ではなく「信頼」です。徹頭徹尾《てっとうてつび》信じられるかどうかです。

追いつかれると打順が回る可能性のある吉田を下げ、センターのヌートバーを吉田が守っていたレフトへ移し、センターに牧原を入れます。より守備を強固にしました。ヌートバーは1次ラウンドからセンターをやってきましたが、「レフトでも大丈夫、任せろ」と力強く守備についていきました。

9回裏の攻撃を考えるのではなく、9回表で終わらせる。大一番だからこそ、リスクを背負ってでも方針をはっきりさせる。どうなってもいいように、というう中途半端で自分勝手な良いところ取りを画策すると、結果には結びつきません。私なりの経験知のひとつです。

マウンド上の翔平は、引き締まった良い表情をしています。ボールも良い。

しかし、先頭打者を歩かせます。最後のボールはベンチからはストライクに見えました。翔平は表情を変えず、次のベッツに対峙します。ここ一番で勝負強さを見せる選手です。ベッツが打つイメージが脳裏をかすめ、それを追い出すように「大丈夫だ、翔平」と心のなかで叫んでいた瞬間、セカンドゴロが飛びます。4―6―3の教科書どおりのダブルプレーです。これで2アウトになりました。

良し！　と呟いた刹那、トラウトが打席に向かうのが見えました。

エンゼルスのチームメイトである翔平とトラウトが、WBCで相まみえる。それも、決勝戦の、3対2で迎えた9回表の2アウトで。

こんな場面を作れるのは、野球の神様しかいません。

5年前、世界一の選手になれると信じて、翔平をメジャーリーグへ送り出しました。彼が紡いできた物語のクライマックスのひとつとして、この場面が用意された気がしてなりませんでした。

1月6日に12人の選手を先行発表した会見には、翔平が同席していました。彼は「勝つことだけを目ざす」と、繰り返し話しました。彼自身の強い意気込みは、私への意思表示でもあったのです。

監督、分かっていますよね、世界一になりますよ、本気で狙いますよ。

翔平にそう言われている気がしました。

それだけに、世界中の野球ファンが見守ったトラウトとの勝負も、私は翔平が勝つと確信していました。3ボール2ストライクになり、翔平が6球目を投じます。私はトラウトのスイングしか見ていません。空振りしてほしいときはいつもそうするように、回れ！まわれ！　マワレ！　と口に出していました。

そして——。トラウトのバットが空を切りました。

ゲームセット！

世界一！

よっしゃー！　と叫びました。あとはもう、夢見心地でした。記憶がところどころ抜け落ちているような感じです。

ひとつだけ覚えているのは、選手とスタッフの笑顔でした。最高の仲間たちが、身体いっぱいに歓喜を爆発させている。まるでぶつかり合いのように抱き合っている。

選手とスタッフに支えられて、どうにか自分の仕事をまっとうすることができました。この瞬間の感情を表現するなら、「尽己」という言葉の境地だったかもしれません。

「人事を尽くして天命を待つ」というものとはまた少し違って、目の前で起こることはすべて自分の責任ととらえて、自分にできることをやり尽くす。1ミリたりとも出し惜しみはしない、という心境でした。天命を待つというよりも、みんなの喜びのために努力し続ける意味で、より能動的な姿勢かもしれません。

もちろんそこには、情熱や真心、人を思う気持ちといったものがあります。利己ではなく利他の心で取り組むからこそ、大きな目標が達成できるのは言うまでもありません。

無《む》私《し》道《どう》

侍ジャパンはなぜ勝てたのでしょうか？　これまで何度も受けてきた質問です。

14年ぶりの世界一奪還を果たしたいまなら、勝因をあげることはできます。ただ、どの試合も簡単ではありませんでした。とくに準決勝と決勝は本当に紙一重で——薄紙一枚ほどの差が勝敗を隔《へだ》てたと感じます。

結果が求められる大会だからこそ、やはり過程が大切です。過程にこだわるからドラマが生まれ、そのドラマが唯一無二の美しさを放つ。

人はなぜ生きるのかと問われて、「誰かに喜んでもらうため」と答えた方がいました。そのとおりだと思います。

野球が日本で盛んになった昭和初期、競技の本質はこう教えられていました。

無私道——。

己を捨てて、チームを、チームメイトを生かす道を究める。人として大切なことを学び、身につけ、教え、広めることができるからこそ、野球はかくも長きにわたって愛され、多くの人たちに感動を届けてきたと思うのです。

侍ジャパンとして戦ってくれた選手たちは、己のプライドを脇に置いて、日本野球のためにすべてを懸けてくれました。彼らは甲子園出場を目ざす球児のようなひたむきさと謙虚さ、それに我慢強さを持っていました。

好きなものに全力で打ち込む姿は、掛け値なしに心を打ちます。感動させられます。彼らとともに過ごした一か月強は、人間としての素晴らしさに気づかされる日々でした。

メキシコとの準決勝で、7回裏に3対3に追いついた直後の8回表、2点を失って再び突き放されました。

気勢《きせい》を削がれてしまったのですが、ベンチで選手たちを迎える翔平の姿は、いささかの不安も感じさせません。「さあ、ここからいこうじゃないか！」と、チームメイトを明るく盛り上げていたのです。

困難が大きいほど、克服したときの喜びもまた大きい。さあ、喜び勇んで倒しにいくぞという精神性に、侍ジャパンの選手たちは貫かれていました。

人生はいいことばかりではありません。大変な時間、苦しい時間をどう受け止めて、どう立ち向かっていくのか。侍ジャパンがＷＢＣで見せた戦いは、彼らの生きかたそのものでした。だからこそ、多くの人たちの心を動かすことができたのでしょう。

私自身は、難しい決断の連続でした。最適解を探し当てたつもりでも、すべての決断にはプラスとマイナスの要素が共存しています。見えている事実の表層だけで判断すると、チームの利益を損ねてしまったり、デメリットを生じさせたりしてしまうことがあります。複数の選択肢のなかで、どれを選ぶのか。突き詰めて考えると、日常の生きざまが導きになると思えてなりません。私たちが幼少期に祖父母や両親から教えられた、人としての道標——正直に生きなさい。嘘をついてはいけない。人に迷惑をかけてはいけない。感謝の気持ちを忘れずに過ごしなさい。ゴミが落ちていたら拾いなさい。そういった小さな営みを、自分の生活に丁寧に織り込んでいく。それによって、自分が目ざすべき方向へ、自然と導かれていくと感じるのです。

優勝後のシャンパンファイトや記者会見までがすべて終了したところで、翔平が監督室に入ってきました。

「監督、写真撮りましょうよ」

彼がファイターズを離れるときも同じでした。2人で写真を撮りました。

私たちは多くを語り合う関係ではありません。けれど、心が通じ合っているという感覚は、おそらく共有できています。言葉が行き来しなくても、胸にはほんのりとした温もりが広がるのです。

彼はきっと、「最高の時間でした！」と思っているに違いない。そして私は、「こういう戦いがしたかったんだな」と感じました。

写真を撮り終えると、私は翔平に言いました。

「今回がオレの最後のユニフォームだから、それに関しては本当に感謝している。ありがとうな」

翔平は少し驚いたような表情を浮かべて、いたずらっぽい笑みをこぼしました。

えっ、何言っちゃってるんですか？　3年後もやればいいじゃないですか——そんなことを言ってくれましたが、私は笑みを返すだけにとどめました。

翔平をはじめとする侍ジャパンの選手たちは、これからも「新しい何か」を求めて自分を磨いていく。それはとても険しい道のりなのでしょうが、大好きな野球に精いっぱい打ち込めることが、とても羨ましく、眩しく感じられました。

翔平に返事をしない代わりに、私は心のなかでエールをおくりました。

翔平、誰も歩いたことのない君の旅が、また明日からはじまる。

自分自身との勝負は、まだまだ続く。

これからだよ！

おわりに

侍ジャパンの監督としての任期は、23年5月31日で満了となりました。大谷翔平は「次のWBCも」と言ってくれましたが、それは彼なりの心配りや労いだったのでしょう。侍ジャパンの監督にふさわしい方が、日本の野球界には何人もいます。退任することに、ためらいはありませんでした。

6月2日の監督退任会見では、「やりたいことは2つ、3つある」とお伝えしました。監督という立場ではなく、もう少し広い視野で野球界に貢献したい、と考えています。

そのように考えるに至った、いくつかの理由があります。

新型コロナウイルス感染症が世界中に感染していくなかで、私の胸には様々な思いが去来しました。当時は北海道日本ハムファイターズの監督で、政府の方針に従って段階的にプロ野球は再開されていきました。しかし、私たちのなかから感染者が出てしまったら、過酷な労働環境にいらっしゃる医療関係者の方々に、さらに負担をかけてしまいます。「本当に野球をやらせてもらっていいのか」という思いは、ファイターズの監督を務めている間も、侍ジャパンの監督になってからも、心の一番奥深いところに残っています。
ＷＢＣを戦い終えたいまは、心に少しだけ陽が差し込んでいます。
日本のみなさんがこんなにもひとつになって、勝利に喜んでくれて、笑顔になって、元気になって、仕事や勉強、家事や育児に頑張ってくれる。２０１９年のラグビーW杯や、22年のサッカーW杯もそうでしたが、これだけたくさんの人の心をひとつにできるのは、スポーツが持つ大きな力だと感じました。
スポーツには、人を元気にする力がある。心の荒野に花を咲かせることができる。なくてはいけないものだと思いましたし、だからこそプレーする私たちは一瞬一瞬に全力を尽くさなければいけません。
昭和の時代を彩ったテニス漫画の傑作『エースをねらえ！』に、すべての球技に、スポーツに通じる心構えを見つけることができます。日本テニス界の先駆者である福田雅之助《まさのすけ》さんが『庭球規』に記したもので、
「この一球は絶対無二の一球なり
されば身心を挙げて一打すべし
この一球一打に技を磨き体力を鍛へ
精神力を養ふべきなり

この一打に今の自己を発揮すべし
これを庭球する心といふ」

少年時代にこの言葉に触れた私は、そのまま野球に当てはめました。一度きりの1球を無駄にしないという心構えは、学生野球の父と呼ばれる飛《と》田《た》穂《すい》洲《しゅう》さんが残した「一球入魂」の姿勢に通じるからです。

技術論でも戦術論でも、トレーニング論でもない『一球入魂」は、古い精神論なのでしょうか。否、そうではないことを、WBCの侍ジャパンが証明してくれました。

巨額の年俸をもらっている選手たちが、何にも染まっていない真っ白な心で、投げて、打って、走った。人欲を省いて謙虚に努力すれば、誰かが助けてくれる。苦しいなかでもチャンスが見出せる。突破口が開ける――人間としての生きかたにも通じる普遍的な価値観というものを、侍ジャパンは見せてくれたと思うのです。

私が幼少期を過ごした当時は、地域が子どもを育てるという考えがありました。両親や祖父母などの家族だけでなく、友だちの両親やご近所のみなさんとも、顔の見える付き合いをしていました。いたずらをしたら怒られて、夜遅くまで遊んでいたら「早く帰りなさい」と言われて、友だちとケンカをしたら「どうしてそうなったの?」と、誰もが心配をしてくれて。たくさんの人が褒めてくれて、叱ってくれました。

それがどうでしょう。２０２３年の日本では、公園で大きな声を出した子どもが、大人に怒られることがあると聞きます。大声を出して遊ぶのは、子ども本来の姿だと思うのですが……。

社会の変容については、もちろん理解しています。子どもを狙った犯罪が増えているだけに、気軽に声をかけにくいところがあります。ハラスメントにならないように、気をつける必要もあります。個人の尊厳を大切にするのはよく分かるのですが、私たちはひとりでは生きていけません。そして、家族や友人、隣人とともに生きていくために、思いやりの心を持っています。

日本人が大切に受け継いできたものが、失われているのだとしたら。いまを生きる大人の責任に、ここでもう一度目覚めるべきだと思うのです。

その最初の一歩として、自分を大切にしてほしいと願います。

地球上にあまた生きる生命体のなかで、こうして人間に生まれたことは奇跡と言っていいでしょう。その奇跡を、どうか大切にしてほしいのです。

自分という人間を大切にできれば、同じ人間のあの人もこの人も、初めて会った人も、道ですれ違った人も、同じ人間として大切にできるでしょう。私はそれも、野球から学びました。

たとえば、2アウト満塁でカウントが3ボール2ストライクだとします。マウンド上の投手が5つの球種を持っていても、この場面で投げられるボールはひとつかふたつしかありません。そこまで理解できていないと、結果を残すことはできないのです。

相手が何を感じ、何を考えているのか。点数を争う個人競技でも、心理的な探り合いはあるでしょう。そうやって想像力を働かせて相手を知ることが、スポーツでは求められます。

野球でも、サッカーでも、バスケットボールでも、サーフィンでも、スケートボードでも、スポーツなら何だっていい。身体を動かして、心も動かしていけば、仲間と力を合わせること、励まし合うこと、競い合うこと、讃え合うことを通して、生きていることを実感できるはずです。支え合うことの尊さにも、気づくでしょう。

野球を、スポーツを通して、笑顔の広がる社会を作りたい。子どもたちに、明るい未来を届けたい。それが、これから私が目ざしていくことのひとつです。

『易経』に「中孚《ちゅうふ》」という教えがあります。心の中心に真心が宿り、誠実さに満ち溢れている状態を指します。

この本で私が紹介した言葉は、実はとても分かりやすいものばかりです。無意識のうちに実践していることも、あるのではないでしょうか。

言葉を自分の血肉としていくために、特別な才能は何ひとつ必要ありません。

速く走れとか、長く走れとか、高く飛べといったようなことではなく、世界的な企業を立ち上げろとか、東大生並みの学力を身につけろ、といったことでもありません。家族と過ごす日常生活から、心がけていけるものです。

生きることはそれだけで価値がありますが、理不尽なことや納得できないこともあります。残酷なこともある。けれど、中孚の心持ちで過ごしていると、目の前に虹がかかることがあります。

ささやかな喜びを、そっと抱きしめるために。

今日も私は、白いページを開きます。

最後に、前作と同じ言葉を書き記します。

人生は捨てたものではありません。

私はいつもあなたの人生を本気で応援しています。

2023年6月

栗山英樹

本書は書下ろしです。

協力
北海道日本ハムファイターズ
NPBエンタープライズ

構成
戸塚 啓

カバー写真
©2023 SAMURAI JAPAN
©Getty Images

口絵、P286写真
野口 博(flowers)

撮影協力
山の上ホテル

ブックデザイン
鈴木成一デザイン室

栗山英樹

Hideki Kuriyama

1961年生まれ。東京都出身。創価高校、東京学芸大学を経て、1984年にドラフト外で内野手としてヤクルトスワローズに入団。1年目で1軍デビューを果たす。俊足巧打の外野手で、1989年にはゴールデングラブ賞を獲得。1990年のシーズン終了後、怪我や病気が重なり引退。引退後は解説者、スポーツジャーナリストとして野球のみならずスポーツ全般の魅力を伝えると同時に、白鷗大学の教授として教鞭を執るなど多岐にわたって活躍。2011年11月、北海道日本ハムファイターズの監督に就任。監督1年目でパ・リーグ制覇。2016年には2度目のリーグ制覇、そして日本一に輝き、正力松太郎賞を受賞。2021年11月、北海道日本ハムファイターズ監督を退任。同年12月、野球日本代表「侍ジャパン」トップチーム監督に就任。2023年3月、WBC優勝。同年5月、日本代表監督を退任。

栗山《くりやま》ノート2
世界一《せかいいち》への軌跡《きせき》

2023年7月30日　初版第1刷発行
2024年3月5日　　　第4刷発行

著者
栗山英樹《くりやまひでき》

発行者
三宅貴久

発行所
株式会社 光文社
〒112-8011 東京都文京区音羽1-16-6
編集部03-5395-8172 書籍販売部03-5395-8116 業務部03-5395-8125
メール non@kobunsha.com
落丁本・乱丁本は業務部へご連絡くだされば、お取り替えいたします。

組版
萩原印刷

印刷所
萩原印刷

製本所
ナショナル製本

ISBN978-4-334-95392-8